더 깊은 회개

우리가 간과했던 성적 악행에 관해
더 깊은 회개로 이끄는 길잡이

로이 헷숀 지음/ 최 정 숙 옮김

기독교문서선교회

기독교문서선교회(Christian Literature Crusade: 약칭 CLC)는
1941년 영국 콜체스터에서 켄 아담스에 의해 시작되었으며
국제 본부는 영국의 쉐필드에 있습니다.

국제 CLC는 59개 나라에서 180개의 본부를 두고, 약 650여 명의
선교사들이 이동도서차량 40대를 이용하여 문서 보급에 힘쓰고 있으며
이메일 주문을 통해 130여 국으로 책을 공급하고 있습니다.

한국 CLC는 청교도적 복음주의 신학과 신앙서적을 출판하는
문서선교기관으로서, 한 영혼이라도 구원되길 소망하면서
주님이 오시는 그날까지 최선을 다할 것입니다.

Forgotten Factors

Written by
Roy Hession

Translated by
Jung Choi

Copyright © by Roy Hession Book Trust U.K.
Originally published in English under the title as
Forgotten Factors

by Roy Hession.
Translated and used by the permission of
The Roy Hession Book Trust, 3 Florence Road,
BROMLEY, Kent BR1 3NU, England.

All rights reserved.

Korean Edition
Copyright © 2013 by Christian Literature Crusade
Seoul, Korea

로이 헷숀 저서

- 갈보리 언덕 · Calvary Road
- 예수님을 바라보라 · We Would See Jesus
- 지금 충만을 받으라 · Be Filled Now
- 주를 뵈올 때 · When I Saw Him
- 당신의 옷자락으로 나를 덮으소서 · Our Nearest Kinsman
- 나는 죽고 그리스도만 · Not I, But Christ
- 더 깊은 회개 · Forgotten Factors
- From Shadow to Substance
- My Calvary Road
- Good News for Bad People

추천사

에디 스트라이드 Eddy Stride
Christ Church, Spitalfields, London 교구목사

사랑하는 내 친구 로이 헷숀(Roy Hession)이 이 책을 저술한 목적을 제대로 파악하려면 이 책의 부제인 "우리가 간과했던 성적 악행에 관해 더 깊은 회개로 이끄는 길잡이"에 대해 신중하게 생각해야 한다. 영국 성공회 주교가 법정진술에서 간음에 대해 그것이 어떤 소설에서는 '성만찬'의 한 형태였다고 말한 것을 비롯하여 지난 15년에서 20년에 걸쳐 교회에 침투한 세속적인 영향 때문에 약해진 우리는 간음이라는 삶의 영역에서 더 깊은 회개로의 부르심을 편하게 받아들이

지 못하는 것 같다.

사랑의 신(Eros, 에로스) 숭배는 사도 바울 시대에 에베소에서 성행한 종교의식만큼이나 서방 세계의 특성으로 자리 잡게 되었다. 하나님의 규범은 지금이나 그때나 마찬가지이나, 이 책이 강조하고 있듯이 하나님의 은혜 또한 마찬가지이다.

7장에서 저자는, "고린도교회는 개종자들의 교회였으며 행음하는 자들, 간음하는 자들, 남색하는 자들, 도둑질하는 자들 그리고 술 취한 자들이 구원되었다. 그것이 잘못된 일인가? 많은 죄인이 하나님의 은혜로 구원받게 하는 것이 교회가 할 일이 아닌가!"라고 말한다.

저자는 바로 이렇게 죄인이 구원받게 됨을 보여주며 하나님의 은혜가 얼마나 놀라운지를 보여준다. 하나님이 우리에게 더 깊은 죄의 본성을 보여주실 때 우리는 죄 없는 사람은 하나도 없으며, 따라서 우리가 모두 주 예수 그리스도의 죽음과 부활을 통해 임하는 하나님의 은혜를 받을 자격이 있다는 사실을 발견하게 된다.

만일 이 책이 목표하듯이 우리가 더욱 깊은 회개에 이른다면 또한 우리는 하나님의 은혜를 더 새롭고 깊이 깨닫고 즐기게 될 것이다.

역자 서문

『더 깊은 회개』(*Forgotten Factors*)의 번역을 의뢰받은 것은 현재 내가 살고 있는 캘리포니아 주에서 SB 48 법안을 완전히 없애자는 주민 청원서의 서명 운동이 벌어지고 있는 때였다. 이 법안이 통과되면 공립학교와 사립학교를 포함한 모든 교육기관에서 LGBT(여자 동성애자-Lesbian, 남자 동성애자-Gay, 양성애자-Bisexual, 성전환자-Transgender)의 삶을 긍정적으로 가르치는 내용을 교과서에 싣고 부모들에게 선택권 없이 유치원부터 12학년까지의 학생 모두에게 교육할 수 있게 되는 것이다.

이다.

평소 우리 자녀들이 어릴 때부터 주님이 세우신 올바른 규범으로 교육받고 말씀으로 인도받기를 소망하며 교직에 몸 담아왔기에 이국땅에서 겪는 이 일에 참으로 가슴이 아팠다. 그래서 더욱 우리의 모든 죄와 허물을 끝내 참아주시고 회개하기를 기다리시는 주님뿐만 아니라 진정 통회하는 마음으로 주께 나아가 죄를 자복하면 반갑게 맞아주시면서 용서하시고 덮어주시는 주님, 그 은혜롭고 자비로운 주님을 더욱 깊이 생각하지 않을 수 없었다.

로이 헷숀은 에둘러 말하지 않고 죄를 죄라고 단적으로 규정하는 성경말씀을 제시하면서 우리가 범하는 여러 가지 죄의 본질적인 양상을 면밀하게 파헤칠 뿐 아니라 나아가 그 죄의 해결책을 명백하게 제시한다. 헷숀은 우리가 하나님의 은혜 아래 있기에 절망할 필요가 없다고 말하며, 우리가 죄를 죄로 인정하면서 곧바로 주님의 십자가에 나아가 죄를 고백하면 은혜의 하나님이 이전에 지은 죄는 기억조차 하시지 않는다고 강조하며 말한다.

간음, 행음, 동성애를 비롯한 성에 관련된 여러 죄악이 세계적인 이슈가 되는 있는 현 상황에서 이 책은 참으로 시기적절하다고 생각한다. 돌아온 탕자 비유의 아버지처럼 회개하고 돌아오는 아들을 반갑게 맞아주시는 하나님 아버지가 우리의 하나님이심에 참으로 용기를 갖는다.

최정숙

| 차례 |

추천사 (에디 스트라이드 목사)	5
역자 서문	8
제1장 이상한 제목	13
제2장 간과했던 것들	19
제3장 간음과 관련하여 간과했던 요소들	25
제4장 행음과 관련하여 간과했던 요소들	43
제5장 배가되는 죄악과 관련하여 간과했던 요소들	53
제6장 동성애와 관련하여 간과했던 요소들	65
제7장 자기 몸에 안기는 치욕	85
제8장 하나님께 저지른 통탄할 잘못	95
제9장 놀라운 은혜: 정결하게 된 불결한 자들!	111
제10장 더 깊은 회개	137
제11장 용서해야 한다	151
제12장 이혼 법정인가, 십자가인가?	167
제13장 죄가 너희를 주장하지 못하리니(롬 6:14)	181

Forgotten Factors

1장
이상한 제목

 개인적으로나 사회적으로나 성적인 죄만큼 엄청난 슬픔과 수치 그리고 여러 가지 불행한 문제를 일으키는 것은 없다. 나는 지난 40년 동안 영국과 미국을 비롯하여 세계 여러 곳을 여행하며 복음을 전했다. 그러는 동안 엄청난 고통과 슬픔 그리고 '성적인 악행'에서 비롯된 여러 가지 당혹스러운 상황에 부딪쳤다. 나는 어느 곳에서나 이런 상황을 보았는데, 때로는 바로 교회 안에서, 여러 가지 과거의 삶의 문제를 아직 정리하지 못한 새로운 개종자에게서, 아직도 청산하지 못한 과거의 삶에 잡혀 살아가고 있는 오래된 성도에게서 이것을 보았다.

표지 전면에 "우리가 간과했던 성적 악행에 관해 더 깊은 회개로 이끄는 길잡이"라는 특이한 부제가 자리 잡고 있는 이 작은 책의 의미와 영역의 개요를 서술하려는 것이 1장의 목적이다. 인간의 죄에서 비롯된 문제와 비애를 관찰하는 동안에도, 우리는 그러한 모든 문제를 완전히 해결하는 방법은 하나님의 은혜라는 것을 알고 있다(혹은 알아야 한다). 누군가 "예수님은 불결하게 하는 자를 기꺼이 용서하실 뿐만 아니라 불결한 자를 정결하게 하신다"고 말했듯이, 하나님의 은혜는 인간의 죄보다 훨씬 크다.

어쩌다 삶에서 잘못된 일이 생겼을 때, 예수님의 관심은 오직 회복에 있다. 예수님은 심문하시거나 비난하시지 않는다. 예수님은 다만 오래전 베데스다 연못에서 혈기 마른 사람에게 하셨던 질문을 각 사람에게 던지신다. "네가 낫고자 하느냐?" 왜냐하면 인간의 죄에서 생성된 상실감, 문제점 그리고 고통을 회복시키는 것이야말로 예수님의 전문 분야이기 때문이다. 이렇게 말해도 될지 모르지만, 예수님은 치료 분야에서 최고시며, 예수님의 이름을 위대하게 하는 것은 회복이라는 분야에서 보여주셨던 수많은 성공 때문이다.

그러나('그러나'라는 이 말은 중요하다) 받을 자격이 없는 인간에게 주어진 하나님의 은혜에서 오는 문제의 해결은 언제나 인간의 전적인 회개에 달렸다. 오직 회개의 자리에서만이 실로 인간은 하나님의 은혜를 받을 자격이 있다. 그러나 오늘날 회개는 복음에서 사라진 내용이 되었다. 사람들은 회개하는 방법을 모른다. 심지어 그리스도인 중에 귀 없는 자들뿐 아니라 특히 귀 있는 자들에게도 회개로의 부르심은 이상하게 들린다. 더욱이 사람들은 특히 성적인 악행과 그로 말미암아 일어나는 상황에서 어디서부터 회개해야 하는지 알지 못한다. 사람들은 자신이 행한 근본적인 잘못을 보지 못하는 경우가 너무나 흔하다. 혹시 회개한다고 해도 그들은 거의 잘못 회개하고 있다고 말할 수 있다. 사람들은 하나님처럼 도덕적인 존재가 가장 염려하실 그러한 악행의 요소들을 잊었음이 분명하며, 그분이 그처럼 강하게 주장하시는 부분에서 회개가 없었으므로 사람들은 완전한 해결책인 하나님의 은혜를 경험하지 못했고, 하나님이 주시려는 놀라운 회복을 절대로 누릴 수 없었던 것이다.

이러한 잊혀진 요소들을 강조함으로 성령의 깨우침 속에서 스스로 겸비하여 그들이 행한 근본적인 잘못을 회개할 사람들이 있게 될 것과 결과적으로 죄인들을 향한 하나님의 달콤한 은혜를 그들이 맛볼 수 있게 될 것을 소망하면서 이 책을 기록하였다. 하나님의 은혜로 말미암아 단지 죄인이 용서를 받을 뿐만 아니라, 손상을 입은 사람이나 그 사람의 처지 또한 새롭게 변화되어 다음과 같은 노래를 끝없이 부르게 되기를 소망한다.

> 주 같이 용서하시는 하나님은 그 누구신가,
>
> 이처럼 풍성하고 한없이 은혜로운 하나님은 그 누구신가?

이 책을 기록한 목적이 그 부제가 암시하듯이 "더 깊은 회개로 이끄는 길잡이"가 되는 것에 있다면, 사도 바울이 말했듯이 이 책은 죄인들에게 "영원한 위로와 좋은 소망을 은혜로"(살후 2:16) 주어 그들을 도와주고 격려하게 될 것이다.

성적 행동의 문제에서 거의 모든 사람이 자기 자신을 전문가로 생각하는 것처럼 보인다. 지금까지 방송에서 이 주제를 많이 다루어왔으므로 이에 관하여 고도화된 개념을 가지고 있는 사람들이 많다. 따라서 이 책을 다소 가볍게 읽으려는 사람들이 있을 것이다. 그러나 이 책을 기록한 목적은 성적 행동의 문제와 씨름하면서 절실한 도움이 필요한 사람들에게 일종의 구명줄을 던져주려는 데에 있다.

혹시 이 문제에 대한 이 책의 접근법이 다소 지나치게 간결하여 현대적 사고를 충분히 고려하지 않았다고 생각한다면, 그 이유를 성경 자체의 간결성 때문이라고 말하고 싶다. 성경은 해명하지 않고, 죄를 죄라고 부른다. 그러나 성경은 참회하는 모든 사람의 실패를 감싸안고 문제에서 그들을 회복시키는 하나님의 풍성한 은혜를 공급한다.

단지 훌륭한 충고를 하고, 나쁜 행동이 일어날 것을 예방하고, 심한 손상을 입지 않도록 인간이 해야 할 바를 제시하는 데에 이 책의 관심이 있는 것이 아니다. 오히려 이미 나쁜 일이 일어났으며, 이미 손상을 입었으며, 훌륭한 충고를 받기에는 이미 때가 늦었다고 가정하고 출발한다. 이제 문제는 그런 상황에 직면해 있는 사람들에게 전할 좋은 소식이 있는가 하는 것이다. 답은 있다. 분명히 있다.

2장
간과했던 것들

오늘날 우리는 너무나도 성이 지배하는 사회에 살고 있으므로 혹시라도 그릇된 성적 행동에 생각이 미치게 되면 사회 통념상 그릇된 성행동 그 자체, 다시 말하면 성행동의 음탕함, 불결함, 억제할 수 없는 열정 그리고 비정상적인 행동만을 생각하는 경향이 있다. 만약에 위에 언급한 것들이 성적인 악행의 본질이라면, 사람들은 쉽사리 스스로 변명하거나 성령의 깨우치심을 회피하려 할 것이다. 사람들은 이렇게 말할 것이다.

성행위는 분명히 생물학적인 일이며 자연스러운 일입니다.

> 사회적 입장에서나 심지어 하나님으로서도 성행위가 어느
> 시점을 기준으로 그 이전에는 잘못이나, 그 이후에는 옳다고
> 선을 그어 말하는 것은 순전히 독단입니다. 저지른 행위는
> 음란할지 모르나, 그래도 그것은 자연스러운 일입니다.

그러한 악행의 주된 죄성이 행위 자체의 음탕함과 음란함이라 할지라도, 사람들은 이런 식으로 주장하기 쉽다.

이상한 말이지만, 이 책의 주제와 관련해서, 유일하게 하나님의 마음을 표현한 성경이 가장 관심을 두지 않는 것처럼 보이는 부분이 바로 이것이다. 그러나 확언하건대 성경은 실로 음탕과 음란에서 비롯된 성적인 부정행위를 명백히 비난하고 있다. 현대적 사고에 젖어 있는 사람들은 성경에 기록된 단어의 뜻에서 상당 부분을 잘 이해하지 못하는 것 같다. 그것은 성경이 고어체로 표현되어 있기 때문이다.

성경은 음행, 간음, 탐색, 남색, 부정, 음탕, 사욕, 악한 정욕과 같은 말을 사용한다. 오늘날의 사람들에게 이런 말들은 어떤 뜻으로 전달될까? 이 말들을 바꿔서 혼음, 부도덕,

불성실, 성 매매, 동성애, 자위, 음탕한 상상, 외설 문학 등 현재 통용되고 있는 말로 표현한다면, 우리는 모두 성경이 무엇을 말씀하는지를 이해할 수 있을 것이다. 더욱이 성경에는 이런 말들이 놀랄 정도로 많이 등장한다.

예를 들어, 그리스도인에게 보낸 바울의 서신 중에도 이런 행동이나 이런 행동을 하는 사람에 관한 고뇌 없이 쓴 서신은 하나도 없음을 잊어서는 안 된다. 바울이 "이것들로 말미암아 하나님의 진노가 임하느니라"(골 3:6)고 말하며, "전에 너희에게 경계한 것 같이 경계하노니 이런 일을 하는 자들은 하나님의 나라를 유업으로 받지 못할 것이요"(갈 5:21)라고 말하는 것을 들을 때, 성경이 그리스도인의 음탕, 음란 그리고 타락을 비난하고 있음은 틀림없는 사실이다.

거듭 말하지만 이것이 바로 성경이 가장 관심을 두지 않는 것처럼 보이는 부분이다. 성경은 옳고 그름의 견지에서 성의 육체적 양상을 전혀 역겨움이나 충격 없이 말씀한다. 성경의 설명은 숨기는 것 없이 모두 다 드러내지만 가장 음란한 독자조차 언급한 말씀을 통해 대리 만족을 얻기가 무척 어려울 것이다. 왜냐하면 오늘날 출판되는 많은 책, 더군다나 위대한 문학 작품이 될 것을 겨냥하여 집필하는 책들과 달리, 성경을 기록한 가장 큰 목적은 즐거움을 주려는 데에 있지 않기 때문이다.

성경에 기록된 성에 관한 언급은 비록 가장 저급한 성적 행동에 관한 것일지라도 모두 깨끗하며, 게다가 예리하다. 이런 저급한 행동 뒤에 숨어있는 더 큰 잘못을 다루려고 등장하시는 분이 하나님이다. 하나님은 전혀 변명의 여지가 없이 전적으로 인간에게 책임이 있는 잘못, 곧 영원한 도덕률에 어긋나는 것으로 보이는 그 잘못을 다루신다. 하나님께 있는 고유한 속성의 한 부분인 이 영원한 도덕률은 인간의 양심에 비추어 그의 본성에 기록되었다.

그리고 이 도덕률에 비추어볼 때 성적인 악행은 그 밖의 어떤 악행과 다를 것이 없다. 하나님과 무관하게 단지 자기중심적으로 사는 것이 죄이며, 본질적으로 죄는 항상 동일하다. 바뀌는 것은 오직 본질에서 죄가 작용하게 하는 도구다. 어떤 사람의 도구는 성적 욕망일 수 있고, 또 다른 사람의 도구는 정상에 오르고자 하는 욕망일 수 있다. 인간의 죄성이 어느 정도인지가 드러나는 것은 하나님의 알려진 뜻을 무시하고 자기의 특정한 방편에 탐닉하는 정도를 통해서이다. 그러면 하나님은 어느 다른 악행을 심판하시는 것과 같은 원칙으로 계속해서 성적 악행을 심판하신다. 그리고 올바르게 이해했다면, 그것이 바로 하나님의 심판을 우리가 이처럼 두려워하는 이유이다.

그러나 오늘날 성적 악행의 진정한 잘못이 되는 요소들은 대체로 간과되었다. 삶에서 위기를 맞은 남녀가 성적인 죄를 회개하려 할 때, 그 회개가 그들이 저지른 음란과 부정의 죄를 고백하는 정도를 넘어가는 경우는 거의 없다. 그러나 하나님은 그 이상의 것, 말하자면 마땅히 더욱 비난받아야 할 그들의 잘못을 더 깊이 다루고자 하신다. 어떤 사람이 성적 악행을 통해 다른 사람에게 저지르는 잘못, 그런 악행에서 예외 없이 드러나는 증가한 이중성, 어떤 사람이 재량으로 자기 몸에 안기는 불명예 그리고 무엇보다도 사랑하는 하나님께 행하는 잘못이 바로 그것이다. 이러한 잘못이 바로 인간이 하나님께 고백하지 않는 잊혀진 몇 가지 죄의 요소이다.

이미 잘못을 회개했다고 주장하는 사람들도 좀 더 면밀하게 조사하면 그들이 마땅히 받아야 할 비난을 받은 적이 없다는 사실이 드러날 것이며, 그런 이유로 그들은 절대로 하나님의 은혜라는 완전한 해결책을 진정으로 경험하지 못했다는 사실이 드러날 것이다. 때로는 분명히 그리스도께 나아와 그분을 구원자로 영접했으면서도 하나님의 은혜를 경험하지 못한 사람이 있다. 그런 사람의 간증은 어쨌거나 죄인의 간증이 아니며, 그는 모든 것을 용서하시는 구원자 안에서 죄인 됨의 기쁨을 소유하지 못하는 것처럼 보인다. 아마도 그는 하나님이 원하시는 회개를 하지 않았을 것이다. 아마도 그는 자기 죄에서 가장 엄중하게 비난받을 만한 요소를 보지 못했거나, 혹시 보았더라도 편의상 그것을 잊어버렸을 것이다.

이제 우리 다양한 종류, 진정으로 모든 종류의 성적 악행에서 잊혀진 요소들을 상세하게 생각해보도록 하자.

3장
간음과 관련하여 간과했던 요소들

성적 악행의 근본적인 요소를 찾고자 하는 사람들에게, 다윗이 자기 군사의 아내 밧세바와 저지른 악행을 기록한 성경만큼 분명하게 그 요소를 보여주는 것은 어디에도 없을 것이다. 이 기록이 우리에게 큰 교훈을 주는 이유는 이 사건은 단지 한 인간의 부도덕한 행위를 설명할 뿐 아니라, 또한 이 행위와 관련해서 일하시는 하나님을 설명하기 때문이다. 여기서 하나님은 친히, 한편으로는 그가 진리와 심판의 하나님이심을, 다른 한편으로는 그가 자비와 은혜의 하나님이심을 보여주신다. 또한 이 기록은 이런 일이 없었다면 위대하고 경건한 왕이었을 다윗의 실패를 이야기할 뿐만 아니라 그 실패를 하나님이 어떻게 완전하고 영광스럽게 회복하셨는지를 이야기한다. 이 이야기가 세상에서 유명해진 이유는 단지 이야기에 표현된 부도덕성 때문이지만, 이 이야기가 성경에 기록된 이유는 그것 때문이 아니다. 다윗과 같은 죄인을 회복하시고, 심지어 그가 자초한 상황조차 만회하시고, 다윗이 하나님과 교제하면서 성도의 길을 갈 수 있도록 그에게 필요한 모든 훈련과 징계를 사용하셔서 더욱 성숙하게 하시는 영광의 하나님을 드러내려고 기록한 것이다. 그래서 세상 사람들이 이 이야기에 불건전한 관심을 보이지만 제일 먼저 이 이야기에 대한 권리가 있는 사람은 복음 설교자이다. 정말로 복음 설교자만이 이 이야기를 정확하게 이해할 수 있다.

  이 일의 전반부를 간단히 이야기해 보자. 다윗의 군대가 싸움터에 나가 많은 적과 싸우고 있는 동안 다윗은 예루살렘에 머물러 있었다. 어느 선선한 저녁, 잠에서 깨어 왕궁 옥상을 거닐던 다윗의 눈에 들어온 것은 자기를 보는 사람이 아무도 없을 것으로 생각하고 뜰에서 목욕하고 있는 아름다운 여자의 모습이었다. 그 여자에 대한 욕망이 일자 다윗은 사람을 보내어 그녀가 누구인지를 알아보게 하였고, 싸움터에 나가 집을 비운 자기 군사의 아내임을 알게 되었다. 다윗은 그 여자를 데려오게 하였으며 첫 만남에서 부정한 행위가 있었다. 여자는 집으로 돌아갔고 아무도 어떤 일이 일어났는지 모르는 채 평소 생활로 돌아갔다. 모든 일은 두 사람만의 비밀이 되었다. 이밖에 다른 일이 일어나지만, 여기서 잠깐 이야기를 멈추기로 하자.

여기까지는 이 이야기에 특별한 점이 없다. 안타깝게도 인간의 삶에서 이런 종류의 일은 거듭해서 일어나며, 다윗의 경우, 그가 저지른 행위와 관련해서 일하시는 하나님이 안계시다면, 음란물에 관심이 있는 사람들 외에는 이 이야기에 흥미를 갖는 사람이 거의 없을 것이다. 많은 사람의 생각과는 반대로, 인간의 삶을 진정으로 흥미롭게 하는 것은 오직 삶에 관계하며 일하시는 하나님이 계시기 때문이다. 수 세기를 내려오면서 거듭해서 일어나고 있는 일이 오늘날에도 일어나고 있으며, 인간은 절대로 그들이 짓는 죄에서

만큼은 독창적이지 않다. 그러나 일단 삶과 삶의 실패에 관련하여 일하시는 하나님의 이야기를 들으면 늘 새롭고 신선한 요소가 가미됨에 따라 흥미로워진다.

개인 간증집회보다 더 흥미를 일으키는 집회는 없다. 이런 집회에 가본 적이 없는 독자라면, 가장 흥미진진한 교회 행사 하나를 놓친 셈이 된다. 그런데 우리는 무엇에 대한 관심 때문에 어떤 사람이 지금까지 살아온 삶의 유형, 그의 삶에 대한 불만이나 삶이 남긴 실패의 흔적에 관해 이야기하는 것을 듣게 되는 것일까? 만일 그런 이야기가 전부라면, 그 간증집회는 우리의 경험이나 다른 사람들의 경험을 통해 여러 번 들은 것과 다르지 않은 지루한 발표회가 되었을 것이다. 그러나 그 일에 관련해서 하나님이 어떻게 일하셨는지, 즉 하나님이 어떻게 징계가 아닌 은혜로 행하셨으며, 어떻게 그로 말미암아 가장 행복한 결과가 빚어졌는지를 말한다면, 그의 말 한 마디 한 마디가 큰 관심을 끌게 될 것이며, 마침내 청중들은 끝없이 하나님을 큰 소리로 찬양하게 될 것이다. 이처럼 흥분되고 신나는 인생을 살려면 일하시고 운행하시는 하나님이 필요하다!

앞서 우리가 이야기하다가 잠시 중단한 성경의 기록도 마찬가지다. 다윗이 어떤 행동을 했는지 아는 사람은 없었지만(물론 하나님은 알고 계셨다) 이제 하나님은 이 일에 관련해 움직이려 하신다. 틀림없이 하나님의 첫 움직임은 유죄 판결, 즉 다윗이 저지른 진정한 죄악을 밝히는 일이다. 얼마 동안은 하늘로부터 아무 말씀도 오지 않는다. 다윗이 양심에 가책을 받으면서 지내도록 내버려두신다. 다윗은 그동안 그가 어떻게 지냈는지를 시편에서 이렇게 말한다.

> 내가 입을 열지 아니할 때에 종일 신음하므로 내 뼈가 쇠하였도다 주의 손이 주야로 나를 누르시오니 내 진액이 빠져서 여름 가뭄에 마름 같이 되었나이다(시 32:3-4).

그렇더라도 다윗에게 자기가 지은 죄에 관한 정말로 명확한 개념이 있었는지는 의문이다. 마침내 하나님이 선지자 나단을 그에게 보내셔서 자기의 메시지를 전하게 하신다. 이 메시지에 다윗의 행위에 나타난 음탕함, 불결함 그리고 제어되지 않는 격정에 관한 말씀은 없다. 나단이 전한 것은 어떤 사람이 다른 사람에게 잔인하게 저지른 악한 행동에 관한 짧은 이야기였으며, 나단은 마치 그 일을 저지른 사람을 왕이 법적으로 판결해달라고 요구하는 것처럼 전한다.

먼저 나단은 양과 소를 아주 많이 가진 부유한 농부 이야기를 한 다음, 그 집에서 멀지 않은 작은 오두막집에 사는 가난한 농부 이야기를 한다. 이렇게 말해도 되는지 모르겠지만, 이 가난한 농부가 기르고 있던 암양 새끼 한 마리는 유일한 재산이었을 것이며, 암양에게서 새끼를 얻으려고 사육하는 동안 농부의 아이들에게는 애지중지하는 동물이 되었을 것이다. 이때 부유한 농부에게 생각지도 않던 나그네가 찾아와 그 집에 머물게 된다. 성경은 부자가 나그네를 대접하려고 "자기의 양과 소를 아껴 잡지 아니하고 가난한 사람의 양 새끼를 빼앗아다가 자기에게 온 사람을 위하여 잡았다"(삼하 12:4)고 한다. 그 어느 곳에서도 볼 수 없는 단막극이 연출된다.

다윗이 그 사람으로 말미암아 노하여 나단에게 이르되 여호와의 살아 계심을 두고 맹세하노니 이 일을 행한 그 사람은 마땅히 죽을 자라 그가 불쌍히 여기지 아니하고 이런 일을 행하였으니 그 양 새끼를 네 배나 갚아 주어야 하리라 한지라 나단이 다윗에게 이르되 당신이 그 사람이라(삼하 12:5-7).

그 순간까지 다윗은 진정으로 그가 어떤 짓을 했는지 전혀 이해하지 못했다. 다윗은 싸움터에 있는 군사의 아내를 취함으로써 그가 그처럼 노발대발했던 바로 그 부자와 정확하게 똑같은 잘못을 저질렀다. 당시 궁의 풍습에 따라 부족함 없이 처첩을 거느리던 다윗은 어리석게도 한 군사의 아내를, 그것도 바로 그가 싸움터에서 왕을 위해 싸우는 동안에, 뒤에서 몰래 유혹하려 했으며 그로 말미암아 그의 가정과 행복은 깨졌다. 비록 그녀가 한 일이 절대로 발각되지 않았으며 다시는 그 일을 반복하지 않았을지라도, 틀림없이 그녀는 남편에게 절대로 전과 같은 감정을 가질 수 없게 되었을 것이다. 게다가 그 일로 인해 그녀가 금지된 외도에 맛을 들이게 되었을지 누가 알겠는가? 하나님이 다윗에게 죄가 있다고 보신 것은 다윗이 음탕하고 불결하게 그런 일을 저질렀기 때문이 아니라, 아무렇지도 않게 남에게 악한 영향을 끼쳤기 때문이다. 다윗에게는 이것이 바로 그의 성적 악행에서 간과된 한 가지 요소였다.

우리가 다른 사람에게 저지른 통탄할 만한 악행, 이것이 바로 하나님이 우리에게 보이시고자 하는 문제이며, 만일 우리가 하나님과 화목하고자 한다면 반드시 깊이 회개해야 할 부분이다. 중요한 것은 "간음하지 말라"(출 20:14)는 명령은 하나님에 대한 우리 책임을 기록한 첫째 돌판에 있지 않고, 이웃과 우리 관계를 기록한 둘째 돌판에 있다는 사실이다. 첫째 돌판에 기록된 명령을 그리스도께서 다음과 같이 요약하여 말씀하신다.

> 네 마음을 다하고 목숨을 다하고 뜻을 다하여 주 너의 하나님을 사랑하라(마 22:37).

둘째 돌판에 기록된 명령은 그리스도께서 다음과 같이 요약하여 말씀하신다.

> 네 이웃을 네 자신 같이 사랑하라(마 22:39).

그러므로 간음은 이웃을 사랑하라는 계명에 도전하는 일이다. 자기가 간음을 하면 그것은 사랑, 곧 여자를 향한 사랑 때문이므로 사랑의 계명을 위반하는 것이 아니라고 주장하는 사람들이 있을지 모른다. 여자를 향한 그 사랑이 어떤 것이든, 틀림없이 그 사랑은 그녀의 남편을 위한 사랑은 아니다. 간음은 다른 사람의 권리, 이익 그리고 모든 감정을 가장 잔인하게 침해하는 행위이며, 한번 간음하고 그것을 반복해서 하는 상황(간음은 보통 일회적이 아니라 지속적이므로)으로 말미암아 그 행위는 종종 몇 배나 더 혐오스럽고 마땅히 비난받을 만한 것이 된다.

"간음하지 말라"(마 19:18)는 계명이 둘째 돌판에 있다는 사실 그 자체가 중요할뿐더러, 이 계명이 등장하는 위치는 더더욱 중요하다. "간음하지 말라"는 계명은 "살인하지 말라"는 계명과 "도둑질하지 말라"는 계명 사이에 있으며, 하나님은 이 두 계명을 같은 항목에 속하는 것으로 보시는데, 간음하는 것은 진정한 의미에서 도둑질하는 것이기 때문이다. 간음은 다른 사람의 남편이나 아내를 도둑질하고, 다른 사람의 가장 은밀한 행복을 도둑질하고, 다른 사람의 가정을 파괴하는 행위이기 때문이다.

이상하게 여길지 모르지만, 하나님이 가장 적극적인 관심을 두시는 것은 바로 이런 삶의 부분이며, 하나님은 다른 사람의 이런 권리 침해에 자신이 관련되어 있다고 여기시는 것 같다. 실제로 하나님은 그러한 모든 일에 신원자가 되심을 분명하게 선포하신다. 이와 관련해서, 데살로니가전서에서 바울은 다음과 같이 말한다.

> 이 일(문맥을 보면 여기서 말씀하는 이 일은 틀림없이 성적 관계다)에 분수를 넘어서 형제를 해하지 말라⋯이 모든 일에 주께서 신원하여 주심이라(살전 4:6).

그리고 우리는 다시 히브리서에서 다음의 말씀을 발견한다.

> 모든 사람은 결혼을 귀히 여기고 침소를 더럽히지 않게 하라
> 음행하는 자들과 간음하는 자들을 하나님이 심판하시리라
> (히 13:4).

어떤 사람이 재혼하여 그가 원하는 것과 새로운 행복인 것처럼 보이는 것을 얻었을 때, 그것을 얻기까지 그 아닌 다른 어떤 사람이 치러야만 했던 대가가 있었음을 그는 잊기 쉽다. 삶의 동반자를 잃은 대가를 치른 사람이 있을 것이며, 밤새 눈물을 쏟은 사람이 있을 것이며, 행복을 도둑맞은 사람이 있을 것이며, 가정이 파탄난 사람이 있을 것이며, 외톨이가 되어 힘겹게 살아가야 할 사람이 있을 것이며, 또 어머니나 아버지 없이 외롭게 남겨진 자녀도 있을 것이다. 우리가 새로운 사랑을 즐길 때 다른 사람이 엄청난 고통을 겪었음을 잊어버리기가 쉽다. 그러나 하나님은 잊지 않으신다. 가인에게 하셨던 그 말씀을, 수년에 걸쳐서 하나님은 계속

말씀하신다.

> 네 아우의[혹은 누이의] 핏소리가 땅에서부터 내게 호소하느니라(창 4:10).

이런 이유로, 다른 사람에게 저지른 이와 같은 엄청난 악행을 그 사람이 깊이 회개하기 전에는 절대로 하나님과의 화목은 이루어지지 않을 것이다. 일상생활에서 그렇듯이, 하나님을 절박하게 찾고 하나님으로부터 온갖 도움을 받아야 할 때가 찾아올 것이다. 그러나 이러한 잘못을 아직 회개하지 않았기에 하나님의 용서를 받지 못한 동안에는 하나님을 찾을 수 없을 것이다.

물론 회개하고 하나님의 용서를 받는 것이 힘든 이유는 이런 모든 상황에 관련된 각 사람이 변별력을 잃어 그들의 잘못을 제대로 보지 못하는 데다가 편리하게 합리화하기 때문이다. 정말로 그들의 배우자와 행복했던 적이 없었다고 말하는 경우가 흔히 있는데, 그들은 견딜 수 없을 만큼 비참

한 삶을 살았다고 말한다. 자신들이 저지른 행동을 정당화하려고 이런 요소들을 크게 부풀려 말하기가 얼마나 쉬운가! 그리고 심지어 이런 상황이 사실이라고 해도(그리고 물론 이렇게 불행한 상황은 너무나 자주 벌어진다), 새로 나타난 제3자의 매력에 특별히 끌리기 전까지는 그들은 이런 상황을 그런대로 감당하면서 계속해서 '잘 조절해' 왔다. 그리고 이 제3자가 동의하지 않았다면 일이 잘못될 이유는 없었을 것이다. 많은 경우에, 가정이 깨지는 진정한 이유는 첫째 배우자와 사는 것이 불가능해서가 아니라 둘째 배우자와 함께 살고 싶은 욕망이 있기 때문이었다.

그러나 아무리 부정할 수 없을 만큼 불행한 부부관계에서도 제3자가 다른 사람의 배우자를 도둑질하는 것을 정당화할 수는 없다. 어떤 사람이 자기 차를 잘 닦지 않고 내버려두어 차 상태가 엉망이 되어있다고 해도, 그것 때문에 차를 더 잘 관리할 수 있다고 생각하는 다른 사람이 그 차를 가져가서는 안 된다. 그래도 여전히 우리가 간음을 정당화하려 한다면, 그 정당성을 보여주는 시금석은 다음과 같이 우리 자신에게 물어보는 것이다. 간음한 상대의 남편이나 아내는 그들이 원래의 동반자에게서 벗어나 새롭게 제3자의 매력을 즐기는 일에 우리가 도움이 되었다고 느낄 것인가? 그동안 행복한 관계를 유지하지 못한 부부라 해도, 간음이 발생하면 간음 상대에게 항상 몹시 화가 나는 이유는 그들의 권리가 침해되었기 때문이다. 많은 경우, 그보다 상태가 더 심각하여 엄청난 비통과 불행을 느낀다.

나는 특히 여자들을 도와서, 그들이 다른 여자들에게 저지른 잘못이 무엇인지를 알 수 있게 해주어야 한다고 생각한다. 여자들은 보통 모든 것을 합리화하고 때로는 이런 합리화에다 '저급한 감상적' 감정까지 덧붙이기 때문에 하나님이 바라보시는 것처럼 사실을 바르게 보지 못한다. 남자가 자신이 불행하다는 하소연을 할 때 흔히 여자의 마음에는 강한 동정심이 일어난다. 이때 여자는 남자가 그의 아내에게서 얻지 못하는 것을 자기는 줄 수 있다고 느끼기 시작한다. 여자는 심지어 이렇게 하는 것이 때로는 그녀가 가정에서 받아야만 하는 비난을 기꺼이 감수하면서까지 행해야 할 고귀한 행동이라고 자기 자신을 설득할 수도 있다. 더 문제가 되는 것은, 남자의 아내가 줄 수 없었던 만족을 자신은 틀림없이 줄 수 있다고 느끼는 교만에 있다.

이 모든 것 때문에 여자는 하나님은 항상 보시는 요소, 즉 그녀가 다른 여자에게 저지른 엄청난 잘못의 요소를 놓치게 된다. 심지어 이런 죄인이 예수님을 구원자로 영접했을 때, 그녀가 회개해야 할 잘못을 얼마나 충분하게 회개했는지, 그 결과로 하나님의 은혜를 통하여 얼마나 충분하게 치료와 회복을 경험하여 알게 되었는지 의심스럽다.

어떤 남자의 처지에 관한 이야기를 들었는데, 이 사람은 다른 여자에게 마음이 끌려 아내에게 충실하지 못했다고 한다. 그는 아내에게 이혼을 당했으며 문제의 다른 여자와 결혼했다. 그로부터 몇 년이 흐른 지금, 이 세 사람은 모두 회심하고 하나님께 나아와 예수 그리스도를 구원자로 영접했다. 이 상황에서 남자는 마음이 불편하지만, 두 번째 아내는 현재에 만족하면서 걱정할 이유를 발견하지 못한다. 상황을 자세히 알지 못하지만 내가 궁금해 하지 않을 수 없는 것이 있다. 현 남편의 본처가 외롭게 셋방살이를 하고 있으며, 생계를 위해 직장에 나가고 있으며, 한때 소중했던 관계가 깨져 홀로 지내고 있는 이 모든 일의 원인이 혹시 자기가 그녀의 남편을 도둑질해서 가정이 깨어졌기 때문일 수도 있다는 것을 이 두 번째 아내가 곰곰이 생각하게 될 것인가 하는 점이다.

그녀는 처음에 그 남자와 관계하면서 저지른 음란의 죄를 고백하고 그들이 상황을 그렇게 진전시킨 것이 옳지 못했음을 인정하고 있음이 분명하다. 그러나 이 상황에서 그것은 가장 덜 중요한 요소이다. 궁금한 것은 과연 그녀가 하나님 앞에서 겸손히 행하여 다른 여자에게 저지른 잘못을 하나님께 범한 죄로 고백했는지, 그녀를 찾아가서 자기 죄를 고백하고 간절히 용서를 빌고 그 일을 바로잡을 수 있는 방안이 무엇인지를 물었는가 하는 점이다.

이런 일이 이런 식으로 묘사되면, 곧바로 우리는 매우 현실적이라고 생각하는 질문을 하기 시작하는데, 특히 이것이 우리가 관련된 상황이라면 더 그렇다. 이 일을 바로잡으려면 어떻게 해야 할까? 지금 같이 사는 사람을 포기해야 할까? 그리고 아이들 문제는 어떻게 해야 할까? 혹은 다른 상황이라면 이런 질문을 할 수도 있을 것이다. 무슨 일이 있었는지를 내 남편에게 혹은 내 아내에게 이야기해야 할까? 지금의 배우자가 이 일을 모르는 편이 더 낫지 않을까? 이런 질문을 제기하는 것은 대체로 참된 회개가 이루어지기 전, 즉 하나님 앞에서 이 일이 죄라고 준엄하게 판결받기 전이다. 하나님은 우리에게 이렇게 말씀하실 것이다.

> 먼저 진심으로 회개하라. 그러면 내가 너를 용서했음을 확신하게 될 것이다. 그런 다음에 다른 사람과 정상적인 관계 회복을 위해 네가 어떻게 하기를 원하는지 그리고 네가 언제 그렇게 하기를 원하는지, 그것을 내가 네게 보이겠다.

진심으로 죄를 회개한 다음에 그 회개한 것을 하나님께 고백하는 것이 가장 중요한 일이며, 그렇게 하면 그 상황은 하나님의 손, 말하자면 모든 일을 새롭게 하실 수 있는 하나님의 손에 놓이게 될 것이다. 그러므로 상황을 원래대로 되돌리는 문제에서 우리는 하나님이 우리가 어떻게 하기를 원하시는지를 그분의 인도하심에 맡겨드려야 한다. 그리고 이런 일에서 항상 하나님은 우리가 서두르는 것을 원치 않으신다. 때로는 신실하고 경험이 많은 다른 그리스도인의 권면을 구하는 것이 우리가 하나님의 뜻을 확인하는 일에 도움이 될 것이다.

4장
행음과 관련하여 간과했던 요소들

이번 장에서 내가 '행음'(fornication)이라는 옛말을 사용할 수밖에 없는 이유는 이 단어에 걸맞는 현대어가 없는 것처럼 보이기 때문이다. 이처럼 적절한 현대어를 찾을 수 없는 이유는 오늘날 이 단어로 표현할 만한 일이 자주 일어나지 않기 때문이 아니라, 내 생각에는 이런 추한 이름으로 불러야 할만한 일이 닥칠 때 우리가 그 일을 솔직하게 직면하려 하지 않기 때문인 것 같다.

간음과 행음의 차이를 요약하면, 간음은 행위자 중 한쪽 혹은 양쪽이 결혼한 상태에서 발생하는 성적 악행인데 반해, 행음은 결혼하지 않은 사람들 사이에서 발생하는 성적 악행이다. 간음은 법에 따라 결혼이라는 정당한 계약을 위반한 것으로 간주하는 데 반해, 행음에서는 위반할 법률상의 계약이 없다. 그런 이유로 사람들은 행음을 간음보다 가볍게 생각하기에 이르렀다. 사실, 지금 우리가 계속해서 이야기하고 있는, 다른 사람에게 저지른 죄의 요소에 대해서 살필 때, 간음에 있는 죄의 요소가 행음에는 없다는 주장이 나옴직도 하다. 행음은 제3자에게 어떤 해를 끼치는 행위가 아니라는 보편적인 견해 때문에 문제가 될 것이 없다고 생각함이 분명하며, 따라서 사람들은 대체로 행음을 회개하지 않는다.

특히 여기서 만일 우리가 행위 자체의 음란성만을 생각한다면 어쨌거나 행음은 자연스럽고 생물학적인 행위라고 주장하거나, 오늘날에는 옛 도덕적 행동 강령이 바뀌었다고 주장하기가 쉬울 것이다. 그러나 다시 말하지만 행음은 하나님이 밝히고자 하시는, 다른 사람에게 저지른 엄청난 잘못이며 방금 말했듯이 보편적인 견해가 있지만, 하나님은 행음을 간음만큼 악한 행위로 보신다. 그러므로 행음한 사람이 하나님과의 평강을 맛보려면 그는 반드시 간음한 사람만큼 죄를 낱낱이 회개해야 할 것이다.

다른 사람에게 저지르는 잘못은 제일 먼저 남자나 여자가 다른 사람을 부추겨 그의 양심에 어긋나는 행동을 하게 하는 데에서 찾을 수 있다. 행음에 관련하여 '진보적'인 사고가 확산하고 있으며, 최근에는 현저하게 행음을 심리적으로 합리화하려는 경향이 나타나고 있지만, 사람들은 여전히 행음이 잘못이라고 느낀다. 급진적인 말과 글 모두 인간이 행음에 대하여 느끼는 죄책감을 없애는 데는 크게 성공하지 못했다.

그리고 남자가 소녀를 유혹하거나 음란한 여자가 청년을 도발시킬 때, 그들은 상대방을 자극하여 상대방의 명예에 오점을 남기게 하며, 통증이 심한 종기처럼 양심에 고통을 느끼게 하며, 숨기고 거짓말하는 것 이상을 하게 한다. 결과적으로 그들이 어느 날 정신과 의사의 상담실에 앉아서 괴로운 마음을 치료할 길을 찾는 상황에 이르게 할 수도 있다. 이것을 이웃에 안기는 통탄할 잘못이라고 말할 수 있지 않을까? 명예와 양심은 인간에게 가장 소중한 것이며 신체적으로, 심리적으로 행복의 토대이다. 그렇다면 몰인정하게 인간에게서 이 소중한 토대를 강탈하는 데 한몫을 한 사람은 얼마나 깊이 죄의식을 느껴야 할 것인가!

그 다음에 다른 사람에게 저지른 엄청난 잘못을 발견할 수 있는 것은, 이 남자나 여자가 그 상대를 사회적 통념에 어긋나는 성적 방종과 문란의 길로 전락하게 할 수 있다는 사실에서이다. 이렇게 이끌린 소녀나 청년이 거기서 멈출 수 없는 맛을 보게 되고, 이것이 불씨가 되어 그들이 성적으로 문란해지거나 그보다 더 심각하게 도덕적으로 추락하게 될는지, 누가 알겠는가? 하나님 보시기에 도덕적으로 책임을 져야할 사람은 바로 이 소녀나 청년을 그런 길로 인도한 사람, 즉 일단 잘못된 길을 가게 한 다음에 계속해서 그 길을 걸어가게 한 사람이다. 확언하건대 아무리 멋지고 순수하게 이루어지는 성일지라도 그것은 서서히 타는 불과 같아서 성을 가지고 장난하는 것은 불에 기름을 붓는 것과 같다.

이전에 우리가 관계를 맺은 사람 중에서 그 후에 심하게 전락해버린 사람은 절대로 없었다는 생각으로 변명을 늘어놓아서는 안 된다. 그렇다고 하더라도 그 사람을 잘못된 길을 가게 해서 거기서 더욱 타락의 길로 밀어붙인 책임을 져야 한다. 이런 일에서 책임을 회피하려고 절대로 처녀는 건드리지 않았다거나, 관계를 맺은 사람들은 모두 전에 이미 타락한 여자들이었다고 자랑스레 말하는 사람도 더러 있을 것이다. 그러나 이런 사람들도 하나님 앞에서는 책임을 면하지 못한다. 그들을 도의적으로 유기했다는 그들 몫의 비난을 감수해야 한다.

처음에 그녀를 타락의 길로 가게 한 사람은 그 일로 말미암아 그녀를 나중 사람의 '좋은 먹이'가 되게 했다는 비난을 감수해야 하는 한편, 나중 사람도 그녀에게 수치심을 가중시켰다는 책임을 받아들여야 한다. 예수 그리스도께서 주시는 평안과 회복을 얻고자하는 사람은 행음의 관계를 통해 사람들에게 준 엄청난 상처를 모두 회개해야 한다. 하나님은 여기서 더 나아가 잘못을 저지른 사람을 모두 찾아내어 그들에게 용서를 구하게 하실 수도 있다.

행음은 결혼하지 않은 소녀에게 종종 혼외임신이라는 잔인한 잘못을 안긴다. 혼외임신 때문에 소녀와 소녀의 부모가 겪어야 할 치욕과 슬픔과 평생의 책임을 누가 가늠할 수 있겠는가? 그렇지만 남자 쪽에서는 개의치 않고 또 다른 소녀에게 태연히 똑같은 행동을 계속할 것이다.

몇 해 전에 어느 미국 잡지에서 특집으로 다룬 '미혼모' 기사를 읽었다. 기사의 대부분을 차지하는 것은 (그들 말을 빌리면) 훌륭한 가정에서 자란 소녀들의 이야기였으며 읽으면서 가슴이 찢어지듯 했다. 어느 소녀는 젊은 남자와 저녁 데이트를 마치고, 지혜롭지 못하게 그 늦은 밤에 그를 자기 아파트에 초대하여 커피를 마셨다고 한다. 거기서 결국 남자는 여자를 설득하여 욕심을 채우기에 이르렀고 만족스럽게 잠에 빠진 남자와 달리 소녀는 침통하게 흐느끼면서 의자에 앉아 밤을 새웠다. 그 후 수 년 동안 불쌍한 그 소녀와 소녀의 가족들이 슬픔과 고통에 시달렸을 것은 불 보듯 뻔한 일이다. 그러나 그들이 겪은 고통을 모두 헤아릴 수는 없었다.

이렇게 해서 태어난 아기를 여러 곳에서 어리석은 여자들이 "사랑의 아기"(love babies)라고 부른다는 말을 들었다. 그러나 "음란의 아기"(lust babies)라고 부르는 것이 오히려 옳을 것이다. 음란이 항상 불행을 가져오는 것과 달리, 하나님이 그 정당성을 인정하시는 진정한 사랑은 불행을 가져오지 않는다. 심지어 이런 상황에서 부모가 두 사람에게 결혼을 강요한다고 해도 그것으로 손상된 것을 반드시 회복할 수 있는 것은 아니다. 보통 이렇게 하는 결혼은 행복하지 않다. 그리고 이런 상황에서 부모가 두 사람이 결혼하기를 바라는 이유는 대개 두 사람을 위한 최선에 관심이 있다기보다 그들 자신이 당할 수치를 모면하고 싶은 마음 때문이다. 그러나 이것은 진정한 해결책이 아니다. 진정한 해결책은 옛 방식에 있다.

다시 말하면 구원받고자 하는 모든 사람이 해야 하는 것처럼, 그들은 반드시 회개하고 주 예수의 십자가 앞에 죄인으로 나와야 한다. 그러면 하나님의 은혜와 사랑이 그러한 죄인들 안으로 들어와 죄를 용서하며 하나님과의 평강을 회복함에 따라, 그들은 입을 열어 하나님의 은혜를 간증하게 된다. 그리고 만일 하나님이 보여주시는 대로 그들이 마땅히 해야 할 일을 흔쾌히 한다면, 모든 상황을 통치하시고 회복하시는 하나님으로 말미암아 그들은 하나님께 영광을 돌리며 마음에서 우러나오는 감사와 찬양을 올리게 될 것이다. 그와 같은 일이, 다른 것이 아닌 하나님의 은혜로 말미암아 이루어져, "우리를 사랑하사 그의 피로 우리 죄에서 우리를 해방하시고 그의 아버지 하나님을 위하여 우리를 나라와 제사장으로 삼으신"(계 1:5-6) 하나님께 찬양의 노래만을 올리게 된 여러 경우를 나는 알고 있다.

이 은혜는 또한 이와 같은 처지에서 몹시 부당한 취급을 받은 사람에게도 미칠 수 있다. 말하자면 때로는 생부가 누군지도 모르고 항상 '사생아'라는 오명을 가지고 법적인 아버지 없이 성장하여 살아가고 있는 사람이다. 이처럼 부적절한 인간관계에서 태어나 묘한 처지에 놓이게 된 사람은 정신적으로 특이하거나 무기력해지기도 하는데, 이런 정신적 영향은 청소년기를 통해서뿐 아니라 평생 지속되기도 한다. 자기의 출생을 확실히 알지 못하기 때문에 실제 결혼생활에서 어려움을 겪고 있는 사람들을 나는 알고 있다. 이것은 또 다른 간과된 요소이다. 하나님 앞에서 회개해야 할 것이 있는 사람들은 모든 것을 회개해야 하지만 그 중에서도 그런 무고한 아들이나 딸에게 저지른 잘못을 반드시 깊이 회개해야 한다.

물론 아이가 행복하게 입양되는 경우에는, 이런 정신적 영향이 많이 줄어든다. 그러나 오늘날 사회적으로 미혼모를 수용하려는 경향 때문에 아이를 키우기로 하는 소녀들의 수가 증가함에 따라 입양되는 아이들의 수는 점차 줄어들고 있다. 그러나 이 사실 때문에 온갖 상실감과 분노 그리고 이와 함께 수치와 빈곤이 조만간 아이와 소녀의 발목을 붙잡는 결과를 가져올 것이다.

이런 말을 하는 것은 책임질 행동을 한 사람이 양심의 가책을 더 느끼게 하고 자기 비난을 가중시키려는 것이 아니라, 그 반대이다. 모든 죄를(그 결과까지) 예수님의 십자가 앞에 가지고 나아가 깊이 회개할 때, 하나님의 은혜로 죄책감을 완전히 없애주실 뿐 아니라 그것 때문에 상처를 입은 사람에게까지 그 은혜를 확대하실 것이기 때문이다. 책임질 것이 있는 사람이 반드시 가야 할 뉘우침의 자리는 예수님의 발 앞이며 그곳은 "해결할 수 없는 일이 없으며, 능치 못할 일이 없는" 바로 그곳이다. 회개하는 사람의 상처를 치료하시고 그를 위해 모든 것을 새롭게 하시는 예수님은 그의 삶에서 어떻게 일하실 것인지를 알고 계신다. 예수님은 회개하는 사람을 자기에게로 부르셔서 개인적인 구원자로 영접하게 하실 수 있다. 그 사람에게 더 이상은 자기 혈통에 대해 의심할 일이 없으며, 다른 어떤 상실감도 없다. 그에게는 이제 아버지이신 하나님이 계시며 그는 그리스도와 공동 상속자가 되었고, 출생으로 빚어진 일은 멋지게 해결된 것이다.

5장
배가되는 죄악과 관련하여 간과했던 요소들

우리가 다윗의 이야기를 중단한 곳은 다윗이 그와 하나님 외에는 아무도 알지 못하는 중에 밧세바와 간음을 저지른 시점이었다. 우리는 나단이 올 것을 예상했고, 그가 와서 다윗의 죄의 요소를 분명하게 말하는 것을 들었다. 일개 군사의 아내를 취한 이와 같은 다윗의 약탈 행위를 다윗 자신은 잊고 있었으나 하나님은 큰 관심을 두셨다.

이야기는 여기서 끝나지 않는다. 탐욕으로 자기의 가축을 아껴두고 가난한 사람의 새끼 양 한 마리를 빼앗은 것은 큰 잘못이었으나, 그 다음 일은 더 큰 잘못이었다. 물론 이것은 다윗이 밧세바의 남편 우리아를 실제로 죽인 것을 말하는 것이다.

성경 내용을 대강 알고 있는 사람들 편에서 보면 다윗은 밧세바를 차지하려고 그녀의 남편을 은밀히 죽음의 길로 몰아갔으며, 다윗이 이렇게까지 한 것은 밧세바에 대한 사랑과 욕심 때문이었다고 이해할 것이다. 그러나 주의 깊게 읽으면 분명해지는 것은 다윗의 행위는 이보다 훨씬 더 악했다는 사실이다. 다윗이 그렇게 한 것은 어떤 사람이 아닌 바로 자기 자신을 사랑했기 때문이었다. 밧세바를 자기 아내로 삼으려는 강한 욕구가 그에게 조금이라도 있었는지는 이야기에 나타나지도 않는다.

이야기의 진상은 이렇다. 얼마 후에 밧세바가 자신이 임신했음을 알리지 않았더라면 다윗은 아마 은밀하게 밧세바와 즐겁게 지낸 다음에 사태를 그대로 내버려두는 것으로 만족했을 것이다. 전쟁터에 나간 우리아는 몇 달 동안은 집에 오지 못하게 되어 있었으며 밧세바가 아이를 가지면 비밀이 탄로나고 다윗의 행동이 드러나게 될 상황이었다. 모세의 율법은 간음을 가장 중한 죄로 간주해서(비록 이 명령이

늘 어느 정도로 실행되었는지는 불확실하지만) 심지어 사형 명령이 떨어지기도 했다는 점에서 상황은 훨씬 더 심각했다.

다윗은 자기의 행적을 덮으려고 군대 작전 전개에 관한 정보를 얻는다는 구실을 붙여 우리아를 자기에게 보내게 하였다. 다윗은 우리아에게 전투 소식을 물은 다음, 집으로 가서 아내와 밤을 보내라고 지시했다. 만일 우리아가 그렇게 한다면 태어날 아이는 우리아의 자식으로 생각될 것이었으며, 그것이 바로 다윗의 의도였다. 그러나 진실로 충성스러운 군사인 우리아는 왕의 부하들과 왕궁 문에서 잠을 잤고, 다음날 집에 가지 않은 이유를 묻는 왕에게 이렇게 대답했다.

> 언약궤와 이스라엘과 유다가 야영 중에 있고 내 주 요압과 내 왕의 부하들이 바깥 들에 진 치고 있거늘 내가 어찌 내 지붕으로 가서 먹고 마시고 내 처와 같이 자리이까 내가 이 일을 행하지 아니하기로 왕의 살아 계심과 왕의 혼의 살아 계심을 두고 맹세하나이다(삼하 11:11).

은폐하려던 계획이 순조롭게 되지 않자, 다윗은 그 다음 날 밤 우리아를 다시 불러 자기 앞에서 먹고 마시고 취하게 했다. 이번에야말로 우리아가 아내를 찾게 될 것이라는 다윗의 확신과 달리, 신실한 우리아는 여전히 다른 부하들과 어울려 잠을 잤다. 이제 죄를 덮기에 혈안이 된 다윗이 유일하게 생각해낸 방법은, 그의 장군에게 지시하여 우리아를 뻔히 생명을 잃게 될 가장 위험한 전쟁터에 실수 없이 배치하는 것이다. 그러면 밧세바를 아내로 맞이할 수 있으며, 결혼 전에 부적절한 관계가 있었다고 생각하는 사람이 아무도 없는 중에 아이가 태어날 수 있을 것으로 생각했다.

이렇게 해서 우리는 이 충성스러운 군사가 자기를 죽이라는 내용이 적힌 봉함 편지를 가지고 전쟁터로 돌아가는 슬픈 광경을 보게 된다. 우리아의 신실함이 이미 밝혀졌기 때문에 다윗은 그가 편지를 열어보지 않을 것임을 믿을 수 있었다. 아니면 그가 문맹이라 편지 내용을 읽지 못할 것으로 생각했을 수도 있다. 모든 일이 계획대로 차질 없이 진행되었으며 우리아는 그 다음 전투에서 제일 먼저 희생되었다.

다윗이 취한 행동은 특별히 그가 밧세바를 사랑해서가 아니었다. 다윗에게 밧세바는 고작 한순간 즐거움을 누리게 한 노리개에 지나지 않았다. 다윗이 그런 일을 꾸민 이유는 그가 스스로 자기의 형편없는 모습과 평판을 염려했기 때문이었다. 다윗이 수치를 모면하려고 꾀한 일로 인해 다른 사람은 죽음에 이르게 되었다. 다윗은 자기 자신의 명예를 구하려고 죄 없는 다른 사람을 희생물로 삼았다. 이야기에 담긴 모든 도덕적인 저의를 볼 때, 이보다 더 자기 이익만을 생각하는 비열한 행위가 있을까?

그러나 다윗의 사건을 읽으면서 우리가 분명하게 알 수 있는 것은, 여전히 다윗 자신은 분명하게 깨닫지 못하고 있었다는 것이다. 모든 일을 합리화하기에 급급한 나머지, 다윗은 실제로 자기 자신이 살인자라는 사실을 절대로 볼 수 없었다. 다윗은 확실히 그가 잘못을 저질렀다는 것, 그가 음란하여 성 충동에 압도되었다는 것은 알고 있었으나 살인을 했다는 것은 깨닫지 못했다. 다윗이 자기 행위의 이런 면을 합리화하는 것은 요압 대장에게서 우리아가 죽었다는 소식을 들었을 때 그가 하는 말에서 나타난다.

> 이 일로 걱정하지 말라 칼은 이 사람이나 저 사람이나 삼키느니라(삼하 11:25).

이러한 잊혀진 요소를 다윗에게 전하는 데 필요한 사람은 나단 선지자였으며 그것을 알게 된 다윗은 충격을 받는다. 나단은 이렇게 말한다.

> 어찌하여 네가 여호와의 말씀을 업신여기고 나 보기에 악을 행하였느냐 네가 칼로 헷 사람 우리아를 치되 암몬 자손의 칼로 죽이고 그의 아내를 빼앗아 네 아내로 삼았도다 (삼하 12:9).

여기서 우리는 더 심각한 잊혀진 요소를 만나게 되는데 이것은 성적 악행이 발생하는 곳에는 거의 언제나 있는 배가되는 죄악이다. 이미 저질렀거나 현재 저지르고 있는 행동을 사람들이 감추려고 할 때 나타나는 이 배가되는 죄악은, 바로 성경의 "죄에 죄를 더하도다"(사 30:1)라는 말씀에 해당한다. 성적 악행과 방종한 삶이라는 죄에다가 거짓말하고, 속이고, 착각하게 하고, 가장하고, 속이는 이 모든 죄를 더 추가하기 마련인데, 이는 모두 이미 일어났거나 지금도 진행 중인 죄를 감추기 위함이다. 지금까지 모든 성적 악행의 상황에서 우리가 추정할 수 있는 것은, 거짓말과 속임수라는 거대한 그물은 항상 그것이 완전한 모습을 드러내기 이전에 짜여졌다는 사실이다. 다윗만큼 심각하게 속이는 상태에 이르지는 않았지만(우리에게 왕만큼 잃을 것이 많이 있다면 우리 행동도 다윗보다 낫지 않았을 것이다), 부모에게 거짓말하는 것, 아내나 남편을 속이는 것은 비난받을 만한 다윗의 행동 못지않게 하나님 보시기에 철저하게 비난받을 만한 일이다. 모든 것을 회개할 때 우리가 바로 그러한 것을 회개했는지를 질문해도 괜찮을까? 그리고 만일 하나님이 회개할 것을 보여주신다면, 우리는 기꺼이 그것을 제자리에 돌려놓을 수 있는가?

오늘날에는 우리 자신을 보호하고 어려움에서 벗어나려

는 목적으로 진실을 말하지 않는 것을 잘못이라고 생각하지 않는다. 그러나 하나님께는 문제가 다르다. 성경에서 "하나님은 빛이시라 그에게는 어둠이 조금도 없으시다는 것이니라"(요일 1:5)고 말씀할 때, 이것은 가장 근본적인 선포이다. 신약에서 '빛'과 '어둠'이라는 단어는 단지 선과 악이라는 단어와 약간 비슷한 정도의 단어가 아니다. 빛은 그야말로 드러나는 것을 뜻하지만, 어둠은 숨는 것을 뜻한다. 이것은 우리가 잘 알고 있는 여러 구절에 새로운 뜻을 줄 것이다. 이 선포는 하나님은 모든 것을 밝히시는 분임을 뜻하며 하나님은 항상 모든 것, 말하자면 우리의 행동은 물론 우리의 동기와 생각마저 있는 그대로 드러내시는 분임을 뜻한다. 따라서 이 선포가 뜻하는 것은 하나님께 숨길 수 있는 것은 아무것도 없다는 사실이다. 우리가 하나님께 가까이 가는 기준은 진실함이어야 한다.

> 주께서는 중심이 진실함을 원하시오니(시 51:6).

그러나 본래 어둠의 피조물인 우리에게 이 말씀은 얼마나 낯선가. 우리가 빛을 향해 나오기보다 자연스레 빛으로부터 도망하는 반응을 보이는 이유는 자신들에 대해 감출 것이 있기 때문이다. 이와 관련해서 다음과 같은 말씀이 있다.

> 악을 행하는 자마다 빛을 미워하여 빛으로 오지 아니하나니 이는 그 행위가 드러날까 함이요(요 3:20).

가끔 큰 돌을 들어올리면 수많은 작은 생명체들이 모두 구멍과 갈라진 틈을 찾아 필사적으로 허둥대는 것을 본다. 이들은 어둠의 생명체들로서, 어둠 속에 편히 있다가 빛이 들어와 그들의 존재가 드러나면 오직 그들은 다시 어둠으로 돌아가기만을 원한다. 심지어 인간의 자손들도 그들의 죄가 성적인지 아닌지와 무관하게 그렇게 하기를 원한다.

하나님은 빛이시며 그 안에는 결코 어둠이 없다고 말씀하는 구절은, 만일 우리가 죄를 숨기는 것과 반대로 자발적으로 "그가 빛 가운데 계신 것 같이 우리도 빛 가운데 행하면"

(요일 1:7) 계속해서 놀라운 은혜를 주신다는 약속이다. 맨 먼저 우리는 "서로 사귐이 있다"는 약속을 받는다.

누구든지 자기 자신과 죄에 대하여 철저하게 정직한 사람이라면, 그의 죄가 크고 작음에 관계없이 하나님과 항상 교제할 수 있다는 것이 이 약속의 뜻이다. 하나님과 우리의 관계에서 기본적으로 필요한 것은 거룩함보다는 오히려 정직함이다. 실제로 거룩하지 못한 것에 대하여 정직한 태도를 보이는 것이야말로 거룩함에 이르는 첫 단계이다. 어떤 사람이 "나는 이런저런 일에 지극히 이기적이었다"라고 말할 때, 이 말이 그가 이기심에서 벗어나는 첫 단계임을 우리는 모두 알고 있다. 하나님은 하나님께 숨기지 않는 정직한 인간에게 무엇이든 하실 수 있다는 것, 그것은 단순한 진리이다.

그 뿐만 아니라, "서로 사귐이 있다"라는 약속에서 '서로'라는 말은 다른 사람들과의 교제의 가능성을 나타내는데, 이것은 정직하지 못한 사람은 진정으로 교제할 수 없다는 것을 말해준다. 참된 교제가 정말로 유익한 것은 우리가 온전히 정직하지 않을 때는 다른 사람들과 완전히 단절되어 있다고 느끼기 때문이다.

그러나 정직한 사람에게는 사귐 이상의 것이 약속되어 있다. 계속해서 그 구절을 보면 "…그 아들 예수의 피가 우리를 모든 죄에서 깨끗하게 하실 것이요"라고 말씀한다. 자기 죄를 진정으로 회개하고 정직하게 하나님께 나온 사람은 그 마음과 양심을 눈보다 더 희게 씻을 수 있는데, 그것은 다름 아닌 예수님의 보혈의 능력 덕분이다. 그 보혈은 주 예수 그리스도가 갈보리 십자가에서 감당하신 심판이 완성되었음을 증명한다. 아무리 양심에 찔림이 있고 아무리 수치 때문에 괴로워하는 사람이라도 자신의 잘못에 책임지고 행할 수 있는 것은 없으며, 그것을 예상하고 인간을 위해 십자가에서 친히 자신을 드리심으로써 그 일을 해결하신 분은 하나님의 아들이었다. 그리고 하나님은 죽은 자 가운데서 그 아들을 다시 살리시는 가장 설득력 있는 방법을 통해, 세상 죄를 위해 자기 아들이 행한 것에 만족하셨음을 친히 선포하셨다.

만일 예수님이 빚을 갚지 않으셨다면, 절대로 그분은 자유함을
완성하지 못하셨으리.

그리고 예수님의 피로 씻음으로 말미암아 다른 모든 도움과 회복이 심지어 우리 상황에까지 미치는데, 이것이 우리를 위해 준비하신 하나님의 은혜이다. 그러나 그것에 관하여는 나중에 더 살펴보겠다.

지금까지 또 하나의 간과된 요소를 살펴보았는데, 이는 항상 죄 때문에 배가되는 이중성이다. 치유를 약속하신 하나님의 은혜에 힘입어, 심지어 이런 문제들도 회개하라 하시는 달콤한 권유를 우리가 발견할 수 있기 바란다.

6장
동성애와 관련하여 간과했던 요소들

우리는 이제 남자와 남자, 여자와 여자처럼 같은 성을 가진 사람들 사이에서 일어나는 성 문제에 직면하여 이 문제에 어떤 간과된 요소가 있는지를 우리 자신에게 질문해야 한다. 말하자면 대체로 하나님 앞에서 회개할 필요가 있다고 생각하지 않으나, 회개해야 할 부분이 있는지를 우리는 질문해야 한다.

정상적인 이성애자들은 선천적으로 동성애 행위를 혐오하기 때문에 그것을 생각조차 하지 않으려 할 것이다. 그러나 동성애는 우리 사회에서 점점 확산하고 있는 악이며, 동성애에 **빠질** 위험에 처한 사람들의 수가 늘어나고 있는 것

같아 걱정된다. 이런 사람들 중에 우리가 돕고자 하는 사람들이 있을 수 있으므로 우리는 반드시 이 문제를 짚고 넘어가야 한다. 확신하건대 자비로우신 우리 하나님 은혜로 이 문제를 더할 나위 없이 적절하게 해결할 수 있으며, 하나님은 지금까지 우리가 언급한 다른 악행들만큼이나 이 문제도 어렵지 않게 해결하실 수 있다. 그러므로 우리는 동성애자들이 예수님 안에 큰 소망을 가질 수 있음을 자신있게 주장할 수 있다.

오늘날 많은 사람이 이러한 행위를 더는 악하게 보지 않게 되었다는 사실에서 우리는 이번 장을 시작해야 한다. 사람들은 이런 일이 부자연스럽고 비정상적이긴 하지만 확실히 죄는 아니라고, 즉 도덕적으로 옹호의 여지가 없는 행동은 아니라고 생각하는 것처럼 보인다. 그러나 하나님같이 거룩한 존재는 동성애를 철저하게 비난하신다는 사실을 그들은 보지 못하고 있다. 이것이 바로 잊혀진 요소이다. 그리고 도움을 찾고 있는 동성애자는 반드시 이 사실에서 시작해야 하며, 그렇지 않으면 아예 시작조차 하지 말아야 한다.

대중의 인식이 바뀌게 된 것은 다음 경로를 통해서였다. 맨 먼저(미성년자들의 타락을 막기 위한 조항이 아직 남아있기는 하나) 국회의원들은 법령집에서 동성애를 범죄로 간주하는 조항을 삭제하기로 했다. 이렇게 동성애가 언론의 주목을 받게 되자 사회적으로 동성애를 용납할 수 있다는 인상을 주었다. 일단 이런 인상을 받으면, 동성애를 죄로도 보아서는 안 된다는 생각과 전능자께서 친히 이 문제를 관대하게 보신다는 생각이 굳어지기까지의 시간은 얼마 걸리지 않는다. 이런 관점은 심지어 그리스도인의 생각에도 스며들기 시작한다.

범죄와 죄 사이에는 차이점이 있다. 범죄는 국가의 법을 어기는 것이지만, 죄는 하나님의 법을 어기는 것이다. 국가는 인간의 모든 행동을 적극 다스리거나 제한하지 않고, 단지 사회에 해악을 끼칠 것이 입증될 만한 사람들의 행동만을 다스리거나 제한한다. 국가의 법은 인간이 사는 동안 그들이 원하는 대로 자유롭게 살도록 내버려둔다. 그러나 국가의 법과 다르게 하나님의 법에 의하면 인간은 삶의 모든 부분, 다시 말하면 그들의 행위는 물론 사고나 동기까지도 하나님께 해명할 의무가 있다. 하나님의 법은 분명히 국가의 법과 마찬가지로 다른 사람들에게 해악을 끼치는 것을 금하지만, 국가의 법보다 그 취급하는 정도와 영역이 훨씬 깊고 넓다.

하나님의 법에서 죄라고 부르는 총체적인 사물의 영역이 있는데, 여기서 말하는 죄는 사람들이 다른 사람들에게 해악을 끼치는 것과 관계가 없다. 하나님의 법에서 사람들에게 잘못이 있다고 보는 경우, 이것은 하나님이 그들이 잘못이라고 말씀하시기 때문이다. 하나님이 그렇게 말씀하시는 데는 틀림없이 이유가 있을 것이며, 하나님은 사람들이 하나님의 법에 순종할 때 그들의 삶이 가장 형통함을 아신다. 그러나 우리가 하나님의 법에 순종할 때, 순종하는 것이 얼마나 우리에게 유익이 되는지를 따져보면서 순종해서는 안 된다. 우리가 순종해야 하는 이유는 오직 하나님은 도덕에 관한 최종 결정권자이시기 때문이며, 하나님은 말씀과 행동이 일치하시는 분이기 때문이다.

이제 동성애 관행이 더는 범죄가 아닌 것으로 국가의 법을 바꾸기로 했고, 그러한 결정의 근거는 동성애는 각자에게 개인적인 문제이며, 사회에 어떤 해악도 끼치지 않기 때문에 국가의 통제권 밖에 있다는 것이다. 게다가 이 문제에 관련된 사람들에게 인정을 베풀어야 한다는 주장이 나왔다. 그러나 동성애 행위가 사회에 아무런 해악도 끼치지 않는다는 문제에는 상당 부분 의문의 여지가 있다. 동성애 성향은 단지 인간의 힘으로 어찌할 수 없는 선천적인 기질의 일부라는 것인데, 이러한 동성애자들의 행위는 다른 사람들에게 자주 노출되고 그것을 본 사람들은 이러한 성향을 쉽게 습득한다. 그렇게 되면 그 행위를 전해 받은 사람의 모든 성본능은 비정상적으로 왜곡되어 부자연스러운 방향으로 움직이게 될 것이며, 결과적으로 그 사람은 행복한 결혼 생활과 자녀의 즐거움을 맛볼 수 없게 될 것이다.

  소돔과 고모라 성에서처럼 이런 성향은 우리 사회 전체에 재앙으로 확산할 수도 있다. 당시 소돔과 고모라 성 사람들은 모두 선천적으로 그렇게 태어난 경우였기 때문에, 아무에게도 책임이 없었다고 말할 수 있을까? 절대로 그렇지 않다. 틀림없이 그들의 동성애는 한 사람에게서 다른 사람에게로 실제 행위를 통해 전해졌을 것이며, 거의 모든 사람이 중독될 때까지 계속되었을 것이다. 동성애를 그런 식으로 계속해서 허용한다면, 인구의 감소와 정상적인 가정의 부족으로 마침내 멸종하기에 이를 것이다. 그것이 사회에 끼치는 해악이 아니고, 무엇이란 말인가? 실제로 미성년자들을 보호할 목적으로 제정한 조항이 우리의 법에도 있으나, 비정상적인 성을 경험할 가능성이 있는 사람들이 그 나이층에만 국한되어 있는 것은 아니다.

이렇게 내버려둔다면, 우리 사회는 동성애로부터 보호받지 못하며, 동성애 행위를 더는 범죄로 간주하지 않게 된다. 그렇지만 동성애는 여전히 죄며, 하나님의 법은 절대로 완화되지 않았다. 만일 이 문제에 발목이 잡힌 동성애자가 하나님의 도움을 원한다면, 제일 먼저 그가 해야 할 일은 하나님 말씀에 동의하여 동성애를 죄라고 부르는 것이다. 이렇게 말하면 연민과 인정이 빠진 권면인 것처럼 보이거나, 일부 현대 정신의학에서 하는 말과 상응하는 것처럼 보일 것이다. 그러나 성경의 방법은 종종 현대적인 사고와 다르다.

동성애자에게 동성애를 죄라고 부르도록 촉구하는 것은 더 심한 죄책감을 갖도록 그를 고문하는 것이 아니라, 오히려 그 사람이 구원을 향해 첫걸음을 내디딜 수 있도록 도와주는 것이다. 왜냐하면 동성애가 죄가 아니라 단지 기질상의 불행한 특질이라면, 평생 그는 동성애에 발목이 잡힌 채 살아야 하기 때문이다. 그러면 단지 동성애자로 살아가는 법을 배우는 것을 제외하고는 그가 동성애에 관해 할 일이 거의 없을 것이다. 실제로 한 정신과 의사는 내게 이렇게 말했다.

> 우리는 동성애자를 치료하려는 것이 아니라 단지 불행한 동성애자를 행복한 동성애자로 바꾸려는 것이다.

당치도 않은 말이다! 그러나 동성애를 선뜻 죄라고 부르는 동성애자가 있다면 그 사람에게는 충분히 희망이 있으며, 그 사람에게는 자기 피로 그를 죄에서 씻어주실 구원자가 계시다. 그리고 동성애를 죄로 인정하는 것이 구원자를 만나려는 인간에게 있어야 할 가장 좋은 자질임을 그가 발견하게 될 것이다. 또한 그가 발견하게 될 것은 그리스도의 구원은 그와 같은 사람의 필요에 맞게 특별히 제작되었다는 것 그리고 그리스도의 능력만이 그가 선뜻 죄라고 부르는 모든 것에서 그를 자유롭게 할 수 있다는 것이다.

성경의 분명한 진술에 비추어볼 때, 절대로 여기서 동성애의 죄성을 합리화하는 그 어떤 것도 있어서는 안 된다. 이 문제에서 하나님의 마음을 나타내는 유일한 교과서는 성경이며, 그것은 아주 분명하다. 제일 먼저, 동성애가 퍼지자 하나님이 완전히 진멸하신 소돔과 고모라 두 성의 경우를 그 실례로 들 수 있다.

> 하나님의 진노가 불의로 진리를 막는 사람들의 모든 경건하지 않음과 불의에 대하여 하늘로부터 나타나나니(롬 1:18).

이 구절은 계속해서 하나님의 진노를 부른 몇 가지 다른 일을 다음과 같이 말씀한다.

> 이 때문에 하나님께서 그들을 부끄러운 욕심에 내버려 두셨으니 곧 그들의 여자들도 순리대로 쓸 것을 바꾸어 역리로 쓰며 그와 같이 남자들도 순리대로 여자 쓰기를 버리고 서로 향하여 음욕이 불일듯 하매 남자가 남자와 더불어 부끄러운 일을 행하여 그들의 그릇됨에 상당한 보응을 그들 자신이 받았느니라(롬 1:26-27).

이런 내용의 말씀은 고린도전서에도 있다. 성경은 "탐색하는 자나 남색하는 자…하나님의 나라를 유업으로 받지 못하리라"고 말한다. 여기서 "탐색하는 자나 남색하는 자"로 표현된 두 단어는(두 단어는 헬라어에도 있다) RSV(개역표준역) 성경에는 단지 "동성애자"라는 한 단어로 표현되어 있는데, 이 단어는 현대적 사고에 젖은 사람들에게 바울의 뜻을 아주 확실하게 전달한다. 또한 바울은 이런 사람들은 하나님 나라를 유업으로 받지 못할 것이라고 말씀하며, 다른 곳에서는 "이것들로 말미암아 하나님의 진노가 임하느니라"(골 3:6)고 말씀한다. 그러므로 동성애에서 자유롭게 되기를 갈망하는 사람이 제일 먼저 해야 하는 것은, 그가 장난삼아 하고 있는 이런 일들이 불신자들의 세상에 하나님의 진노를 부르는 일임을 고백하는 일이다.

동성애 문제에서 회개해야 할 죄가 무엇인지를 우리가 주의 깊게 이해해야 할 시점이 바로 여기다. 그렇지 않으면 우리 자신이나 우리가 돕고자 하는 사람 모두 발목이 잡히게 할 것이다.

어떤 사람에게는 동성애 성향이 그의 기질(raw material)이다. 대부분 사람에게는 정상적인 기질도 있으나 왜곡된 기질이 있는 사람도 있다. 왜곡된 기질이 있는 사람의 죄가 정상적인 기질을 소유한 사람의 죄보다 본질적으로 더 큰 것은 아니며, 중요한 것은 그 사람이 그 기질을 가지고 무엇을 하는가에 있다. 사람은 자기의 기질로 하나님의 뜻에 어긋나게 자아를 탐하거나, 자기의 기질로 자아를 부인할 수 있다. 이는 음행과 동성애 행위가 둘 다 똑같이 죄라는 뜻이다. 두 행위 모두 하나님의 뜻에 어긋나게 자아를 충족시키는 것인데, 유일한 차이는 각각의 행위를 시작하는 기질의 차이다.

만일 동성애 성향이 있는 사람이 단지 공상을 통해서든 실제로 다른 사람과의 행위를 통해서든 그런 왜곡된 욕망에 빠진다면, 그것은 죄이다. 하지만 그러한 기질이 있는 사람이 먼저 마음에 회개하고 예수님을 의존하면서 하나님 앞에서 자아를 완강히 부인한다면, 그것은 거룩함을 향한 첫걸음이다. 동성애자에게 거룩함이라니, 생각만 해도 얼마나 아름다운가! 우리가 이번 장과 앞으로 남은 장에서 살피겠지만, 이것이 바로 예수 그리스도 안에서 얻을 수 있는 거룩함이다.

그러므로 어떤 남자나 여자가 이런 왜곡된 기질이 그들에게 있다는 이유만으로 비난을 받는다는 느낌이 들게 해서는 안 된다. 문제는 그 동성애자들이 이 기질로 무엇을 하는가에 있다. 기질은 타고난 것이어서 오래 전부터 그 사람들에게 있던 것일 수 있으므로 그것 때문에 비난을 받아서는 안 된다. 한편으로 기질은 그 사람들의 잘못된 행동을 통해 후천적으로 습득한 것일 수도 있다. 이런 경우, (물론 그 사람들 안에 여전히 이 기질이 있을지라도), 겸손히 하나님께 잘못을 고백하고 죄책감을 깨끗이 씻고 용서를 받아야 한다. 그러면 그들은 다른 사람들과 같은 처지에 있는 것이 되며, 절망하거나 그들 자신을 비난할 필요가 없는 똑같은 기질을 가진 것이 된다. 이제 두 사람에게는 그 기질로 자아를 부인하는 대신 자아를 충족시켰음을 하나님께 고백할 기회가 생겼으며, 하나님이 그들의 죄를 용서하시고 모든 불의에서 깨끗하게 하실 것이라는 약속을 믿음으로써 예수님의 십자가 앞에 나올 수 있게 되었다(요일 1:9).

이것은 그들이 다른 사람들과 맺은 잘못된 관계를 확실하고도 깨끗하게 정리하고, 특별하게 유혹을 느끼는 상황을 피해야 함을 뜻한다. 그들은 오직 그들의 기질에 의해 감지되는 유혹들을 어떻게 빠져나갈 것인가와 관련해서 예수님의 발 앞에 엎드려 도우심을 청해야 할 뿐 아니라, 예수님이 모든 전쟁을, 다시 말하면 진정으로 그들의 삶 전체를 장악해주실 것을 청해야 한다. 예수님께 단지 도와주실 것을 청하는 것과 예수님이 삶 전체를 장악해주실 것을 청하는 것에는 큰 차이가 있다.

그들이 예수님의 십자가에 늘 가까이 있으면서 언제라도 처음에 잘못 움직였던 마음을 회개하고 그 회개를 예수님께 가져가면, 그들은 주님이 그들을 자유롭게 하셨음을 발견하게 될 것이다. 왜냐하면 죄를 짓기 시작할 때마다 그것을 계속해서 예수님께 가지고 나가면 예수님의 피가 계속해서 깨끗하게 하기 때문이다. 이런 식으로 주님의 놀라운 도움을 받은 사람들을 나는 알고 있는데, 그들은 지금 자녀를 기르면서 행복한 결혼 생활을 하고 있다. 반면에 결혼할 수 없다고 느낀 사람들도 있지만, 그래도 그들은 승리자이다.

이렇게 동성애자들의 관점은 모두 아주 다르다. 왜냐하면 정상적인 방향으로 성생활을 할 수 없다고 느끼며, 이런 왜곡된 방향으로 성생활에 몰두하는 것이 자기의 양도할 수 없는 권리라고 느끼는 사람이 있기 때문이다. 그러나 정상적인 욕구가 있는 사람이라면 보통 이렇게 생각하지 않을 것이다. 이렇게 생각하는 남자나 여자는 아마 결혼하지 않을 것이며, 결혼에서 오는 만족을 아직 얻지 못했거나 앞으로도 절대로 그런 만족을 얻을 수 없을 것이다. 그러나 그 사실 때문에 그들이 만나는 모든 매력적인 이성에게 문란할 권리가 있다고 생각해서는 안 된다. 그리스도인이라면 더 말할 것도 없고, 적어도 존경받을 만한 사회 구성원이 되려면 자연적인 충동을 부인해야 한다.

여기서 다음과 같이 질문할 동성애자가 있을 것이다. "나는 절대로 성적인 성취감을 느껴서는 안 된다는 뜻인가?" 그렇다. 아마도 하나님이 당신의 성향을 바꿔주시지 않는 한, 바꿔주시기 전까지는 그럴 것이다. 어쨌든 결혼하지 않고 일생을 보내야 했던 사람들이 많이 있다. 아마도 그들에게 달리 기회가 열리지 않았거나, 하나님이 그들을 위해 선택하시지 않은 사람들과 결혼하느니 차라리 독신으로 지내겠다고 결정했을지 모른다. 그런 사람들은 비록 성경험은 하지 못했을지라도 진정한 성취감을 느끼면서 살았을 것이며, 남편이나 아내보다 예수 그리스도가 그들에게 필요한 전부였을 것이다.

만일 당신이 평강과 구원을 얻고자 한다면, 그것이 바로 당신으로부터 삶을 인수하여 당신의 마음을 충족시켜주실 구원자이신 예수님이 당신에게 필요한 이유이다. 다른 방법으로는 절대로 평강과 구원을 얻을 수 없다. 그러나 당신에게 예수님이 계신다면 당신은 모든 것을 가진 것이다. 예수님은 당신이 포기하는 자아 욕구를 풍성하게 뒷받침하고 보상하는 방법을 알고 계시며, 다른 방법으로는 가능하지 않았을 다른 사람들을 위한 삶과 사역이 열리게 될 것이다.

더 나아가 다음과 같은 질문을 할 사람도 있을 것이다. 예수님은 정말로 나의 이 잘못된 기질을 바꾸셔서 더는 내가 내 안에서 이런 치열한 싸움을 하지 않게 하실 수는 없을까? 물론 하실 수 있다. 예수님은 많은 사람들을 위해 그렇게 하셨으며, 그들은 오늘날 정상적으로 즐겁게 살고 있다. 그러나 당신이 "내 욕구가 무엇이든 나는 십자가에 나아갈 것이며, 거기서 매번 내 욕구를 부인하겠다"고 말하는 단계에 이르지 않는 한, 그런 일은 일어나지 않을 것이다. 그러나 당신이 그렇게 말하는 단계에 이른다면, 순간적으로 이루시든 점진적으로 이루시든 예수님은 당신의 기질에 대한 대책을 세우실 수 있다. 만일 그렇게 하시는 것이 예수님의 뜻이 아니라 할지라도, 당신은 계속해서 그분과 함께 십자가의 길을 평안히 걸어갈 수 있을 것이다.

왜곡된 성향을 이야기한 것에 덧붙여서 급히 이야기해야 할 중요한 참조사항이 있다. 혹시라도 동성애에 약간 발을 들여놓고 있는 어떤 사람이 이 왜곡된 기질에 관한 이야기를 듣고는 틀림없이 이것은 그가 상습적인 동성애자임을 지적하는 것으로 생각하거나, 그가 영원히 이런 왜곡된 성향을 짊어지고 가야 함을 지적하는 것으로 생각하지 않을까 염려스럽다. 최근에 이 문제를 놓고 정신과 의사와 국회의원 사이에 참으로 많은 토론이 오갔기 때문에, 절망에 빠져서 쉽사리 자기 자신을 절대로 행복한 결혼을 할 수 없는 사람으로 간주하려는 사람이 있을 수 있다. 그리하여 그는 외롭게 소외되어 마침내 자기 자신의 성향과 처절하게 싸우고 있는 사람들과 어울리게 될 것이다. 그러나 언제나 그의 생각은 전혀 사실과 다를 수도 있다. 그 사람은 절대로 상습적인 동성애자가 아닐 수도 있다. 정상적인 이성애자라도 만일 하나님의 거룩한 명령을 전적으로 무시하고 새로운 성경험을 해보겠다고 굳게 마음먹는 사람이 있다면 오히려 그런 사람이 동성애를 할 가능성이 있다.

사실 하나님은 동성애를 죄라는 이름 외에 다른 어떤 멋진 이름으로도 부르시지 않으며, 마찬가지로 동성애에 관련된 사람에게도 그것을 죄라고 부를 것을 권하시며, 그가 아름다운 소망의 문을 찾을 것을 권유하신다. 왜냐하면, 앞서 말했듯이, 동성애가 죄라면 다른 모든 죄와 더불어 그 해답은 그리스도에게 있기 때문이다. 성경은 동성애를 특별한 치료가 필요한 특수 항목에 놓지 않고 다른 모든 죄와 함께 죄로 분류한다. 실제로 앞서 인용한 로마서에서 보았듯이 여자들이 순리대로 쓸 것을 바꾸어 역리로 쓰며 남자들도 남자를 향하여 음욕이 불일 듯 했다고 말씀하는 그 구절은 계속해서, 하나님을 멀리한 사람들을 불의, 추악, 탐욕, 가득한 악의, 시기, 살인, 분쟁, 사기, 그 밖에 많은 것들이 가득한 사람들로 묘사한다. 성경은 동성애를 포함하여 이 많은 죄를 포함한 항목을 이처럼 모두 숨길 수 없는 분명한 죄로 분류하여 하나님 앞에 열거한다. 그리고 만일 예수님 안에서 탐욕, 악의, 시기, 살인, 분쟁, 사기의 죄를 용서받고 그 죄를 씻을 수 있다면, 마찬가지로 성을 왜곡시켜 사용하는 죄 또한 용서받고 씻을 수 있다.

감사하게도 예수님은 "친히 나무에 달려 그 몸으로"(벧전 2:24) 이 죄와 그 밖에 다른 모든 죄를 미리 아시고 해결하셨으며 샘을 열어 이 죄와 더러움을 씻으셨다(슥 13:1; 요일 1:7). 그렇다면 해답은 하나님께 나아가 동성애를 죄로 고백하고, 하나님의 뜻과 능력을 믿는 데에 있다. 하나님은 그분의 뜻과 능력으로 당신의 죄를 용서하시고, 동성애의 더러움에서 당신을 깨끗하게 하시고, 동성애의 치욕에서 당신을 자유롭게 하시며 즉시 혹은 조금씩 당신의 기질 안에 있는 그 어떤 왜곡된 행위도 달콤하게 치료하실 것이다.

다른 성적 악행의 종류와 관련하여 우리가 언급한 요소들은 또한 배가한 이중성, 특히 다른 사람들에게 저지른 잘못에도 적용된다. 이런 일들을 행함에서 인간은 그에게 있는 똑같이 왜곡된 것을 다른 사람들에게 전한 것이다. 만일 이 왜곡된 것이 후천적으로 습득되는 것이라면, 그 사람은 다른 사람이 그것을 얻는 데 도움을 주었고, 다른 사람의 성생활을 엉망으로 만들었고, 다른 사람이 행복한 가정생활을 할 가능성을 빼앗은 셈이다. 심지어 이 일이 분명히 헌신적인 두 동성애자 사이에서 일어났다 할지라도 그들 각 사람은 여전히 다른 사람에게 저지른 잘못을 책임져야 한다. 왜냐하면 돌이킬 수 없는 동성애자는 없으며, 각 사람은 다른 사람이 그만큼 그 길을 더 가게 함에 따라 훨씬 더 돌이키기 어렵게 만들었기 때문이다.

만일 은혜로 말미암은 완전한 회복을 알고자 하는 사람이 있다면, 그가 예수님 발에 엎드려 반드시 더 회개해야 할 것들이 바로 이런 요소들이다. 사랑하는 이여, 각 항목에서 간과된 죄의 요소를 충분한 시간을 갖고 조목조목 살피면서 예수님께 죄를 고백하기 바란다. 주님 앞에서 오랫동안 스스로 겸비한 후에야 비로소 당신은 주님의 평강이 당신의 마음에 살며시 자리 잡는 것을 발견하게 될 것이며, 용서받고, 회복되고, 온전해졌음을 알게 될 것이다. 만일 그런 다음에 주님이 당신과 함께 죄를 범한 사람들에게 당신을 보내셔서 그들에게 용서를 빌게 하신다면, 주님은 또한 당신의 간증을 사용해서 그들을 회복하고 치유하실 것이다.

7장

자기 몸에 안기는 치욕

성적 악행을 통해 인간이 자기 자신에게 저지르는 잘못에 관한 장을 덧붙일 것인지를 망설였다. 왜냐하면 적어도 어떤 사건이 있고 나면, 사람들은 보통 성적 악행을 통해 그들이 입은 손실과 그들이 자초한 불행만을 지나치게 의식하기 때문이다. 이때 사람들이 겪는 손실의 범위는 항상 숨겨야 할 것이 있어 불안한 선한 양심의 손실에서부터, 그들의 행복이 모두 영원히 사라진 것처럼 생각될 때 느끼는 말할 수 없이 고통스럽고 복잡한 상황까지이다. 그러므로 사람들이 자기 자신에게 저지르는 잘못은 간과된 요소라고 할 수 없다. 그리고 어쨌든 그들이 입은 손실이나 자초한 불행만을 근거로 회개하는 것은 그 동기가 지나치게 이기적이므로 대체로 설득력을 잃는다. 그러므로 이런 측면에 관해서는 거의 쓸 필요가 없다고 생각했다.

하지만 간과된 성적 악행을 통해 인간이 자기 자신에게 저지르는 어떤 잘못이 있으며, 이 잘못은 인간이 하나님의 용서와 회복을 구하려고 그분께 나아올 때 쉽게 묵과될 수 있다. 이것이 내가, 인간이 자기 몸에 안기는 불명예라고 부르는 바로 그 잘못이다.

제일 먼저 우리는 우리 몸을 귀하게 보는 신약의 관점을 이해해야 한다. 바울은 "너희 몸은 너희가 하나님께로부터 받은 바 너희 가운데 계신 성령의 전인 줄을 알지 못하느냐?"(고전 6:19)라고 말씀한다. 인간이 자기 죄를 회개하고 예수 그리스도를 인격적인 구원자로 영접할 때, 그리스도의 피로 말미암아 사람의 마음은 깨끗해지며 성령께서 그의 삶 전체를 인도하시려고 몸에 거하신다. 바울은 삼위의 세 번째 위격인 성령께서 친히 우리 안에 거하신다는 것이 얼마나 놀라운 일인지를 알리려고 한다.

바로 이 사실 때문에 우리 몸은 하나님의 성전이며, 고대 예루살렘 성전이 그랬듯이 우리 몸은 하나님이 쓰시도록 거룩하게 구별되어야 한다. 이 사실은 아직 믿지 않는 사람에게도 영향을 미친다. 그 사람의 몸은 실제로는 아직 성령의 전이 아니지만, 그렇게 될 가능성이 매우 크다고 보는 이유는 그리스도를 구원자로 영접할 기회가 그에게 항상 열려있기 때문이다. 더군다나 비록 그가 아직은 소유권을 포기하지 않았지만 그리스도께서 이미 죗값을 지급하시고 그 몸에 대한 권리증을 소유하고 계시기 때문이다.

이런 관점에서 보면, 우리 몸을 조금이라도 잘못 쓰는 것은 하나님의 성전을 더럽히는 것이며, 여기에는 대단히 엄한 징계가 따른다.

> 누구든지 하나님의 성전을 더럽히면 하나님이 그 사람을 멸하시리라 하나님의 성전은 거룩하니 너희도 그러하니라 (고전 3:17).

모든 성적 악행은 바로 거룩한 하나님의 성전을 더럽히는 것이다. 성적 악행은 하나님의 성전을 원래 의도와 다른 목적으로 사용하는 것이다. 하나님을 예배하기 위하여 사용해야 할 몸을 악마를 예배하기 위하여 사용하는 것이다. 이것은 얼마나 무서운 신성모독인가! 이것은 얼마나 우리 몸에 치욕을 안기는 행위인가! 이 행위를 적절한 현대어로 말하면 몸을 학대하는 것이다. 자학이라는 말이 자위를 설명하는 더 친숙하고 오래된 표현이다. 사람들이 대체로 자학이라는 용어 대신 더 전문적인 말을 사용하게 된 것은 아마도 그들이 하는 행위의 본질이 무엇인지 생각나는 것을 원하지 않기 때문일 것이라는 사실에 중요성이 없잖아 있다. 어떤 사람이 이런 혼자만의 성적 방종에 빠져들 때, 그는 자기 자신을 학대하는 것이며 결코 하나님과 본성이 의도하지 않는 목적으로 그의 몸을 사용하는 것이다.

바울은 또 다른 곳에서 우리 몸을 더 귀하게 여기는 관점을 말씀한다. 바울은 지체가 몸과 연합하듯이, 믿는 자가 그의 몸에 거하시는 성령을 통해 그리스도와 연합하는 것을 즐겨 말씀한다. 그리스도는 몸이며, 우리는 그와 연합한 지체로서 우리 모두를 충만케 하시는 그리스도로부터 같은 생명을 얻는다는 것이다. 따라서 성을 잘못 행하는 것에 대한 말씀에서 바울이 사용하는 이 놀라운 은유를 귀담아 들어야 한다.

> 너희 몸이 그리스도의 지체인 줄을 알지 못하느냐 내가 그리스도의 지체를 가지고 창녀의 지체를 만들겠느냐 결코 그럴 수 없느니라 창녀와 합하는 자는 그와 한 몸인 줄을 알지 못하느냐 일렀으되 둘이 한 육체가 된다 하셨나니 주와 합하는 자는 한 영이니라(고전 6:15-17).

어느 남자가 평판이 좋지 않은 소녀의 권유로 그 아파트에 들어가거나 '불명예의 집'인 사창가에 들어갈 때, 그는 자기의 소중한 몸, 다시 말하면 그리스도의 소유인 그의 지체를 도덕심도 없고 순결하지도 않은 소녀와 연합하는 가장 천한 행위에 넘겨주는데, 이는 하나님이 의도하신 고귀하고 거룩한 목적에서 완전히 벗어나는 행위이다.

자학과 매춘에 관해 말한 것은 모두 또 다른 부도덕, 동성애 그리고 왜곡된 성에서도 마찬가지로 사실이다.

끝으로 바울이 말하는 것을 귀담아듣기 바란다. 그는 모든 성적 악행을 다음과 같이 요약하는 것처럼 보인다.

> [음행을] 피하라 사람이 범하는 죄마다 몸 밖에 있거니와
> [음행하는 자는] 자기 몸에 죄를 범하느니라(고전 6:18).

성적인 악행이란 하나님의 성전이며 그리스도의 지체인 몸을 치욕스럽게 하는 것이라는 말보다 더 분명한 말씀이 있을까? 음행하는 자는 자기 몸에 죄를 범하는 것이다.

우리가 하는 모든 회개에서, 몸을 치욕스럽게 했음을 회개하고 그것을 하나님께 고백하자. 그리고 복음서로 돌아가서 나쁜 행실을 회개한 사람들이 죄를 용서받은 것만큼 그렇게 쉽게 죄를 용서받은 사람은 아무도 없었다는 것과 그것은 오직 주 예수의 은혜임을 생각하고 용기를 내자. 요한

복음 8장에서 간음하다가 잡혀 온 여인에게 예수님은 이렇게 말씀하셨다.

> 나도 너를 정죄하지 아니하노니 가서 다시는 죄를 범하지 말라(요 8:11).

반면 예수님께 여인을 고발하려던 위선적인 바리새인들은 그들의 죄 때문에 어둠 속에 머물러 있었다.

더 용기를 얻기 위해, 고린도교회에 있는 경건한 그리스도인 중에 이런 행위를 돌이킨 개종자들이 많이 있었다는 사실을 되새겨 보자. 바울은 다음과 같이 분명하게 외친다.

> 미혹을 받지 말라 음행하는 자나 우상 숭배하는 자나 간음하는 자나 탐색하는 자나 남색하는 자나 도적이나 탐욕을 부리는 자나 술 취하는 자나 모욕하는 자나 속여 빼앗는 자들은 하나님의 나라를 유업으로 받지 못하리라(고전 6:9-10).

그러나 이 말을 하고 나서 바울은 다시 다음과 같이 기쁘게 덧붙여 말한다.

> 너희 중에 이와 같은 자들이 있더니 주 예수 그리스도의 이름과 우리 하나님의 성령 안에서 씻음과 거룩함과 의롭다 하심을 받았느니라(고전 6:11).

고린도교회는 개종자들이 모인 교회였으며 행음하는 자들, 간음하는 자들, 남색하는 자들, 도둑질하는 자들 그리고 술 취한 자들이 그곳에서 구원되었다. 그것이 잘못된 일일까? 많은 죄인이 하나님의 은혜로 구원받는 것이 교회가 할 일이 아닌가!

아메리칸크리스천대학(American Christian college)에서 집회를 끝냈을 때 한 젊은이가 내게 와 도움을 청했다. 그는 "저를 힘들게 하는 것이 이 구절입니다"라고 말하면서 성경의 "남색하는 자나…하나님의 나라를 유업으로 받지 못하리라"(고전 6:9-10)라는 구절을 가리켰다. 그러더니 "이 사람이 바로 접니다. 저는 하나님 나라에 들어갈 수 없습니다"라고 말했다. 그때 나는 이렇게 말해주었다. "그렇지만 당신은 그 구절에서 읽기를 멈추면 안 됩니다. 그 다음 구절을 보시면 '너희 중에 이와 같은 자들이 있더니 주 예수 그리스도의 이름과 우리 하나님의 성령 안에서 씻음과 거룩함과 의롭다 하심을 받았느니라'고 말씀합니다. 십자가 앞에 나아가 깊이 회개하십시오. 예수님이 당신을 위해 모든 일을 하실 것이며 큰 죄인일지라도 당신은 더 큰 은혜로 말미암아 구원받은 무리에 속하게 되실 것입니다."

Forgotten Factors

8장
하나님께 저지른 통탄할 잘못

우리는 이제 모든 성적 악행에서 가장 근본적인 잘못이면서 가장 많이 간과된 잘못인 하나님께 저지른 잘못을 살피려 한다. 그 어떤 것보다 바로 이것이 궁극적으로 다윗이 고백하게 된 죄의 부분이었다. 왜냐하면 그 문제와 관련해서 지은 가장 위대한 참회 시편에서 다윗이 이렇게 말하기 때문이다.

> 내가 주께만 범죄하여 주의 목전에 악을 행하였사오니(시 51:4).

그렇지만 그것은 나단이 그를 찾아온 바로 그날까지 다윗이 절대로 볼 수 없었던 죄였다.

성경은 그 추한 얘기를 길고도 상세하게 이야기하고 나서, 다음과 같이 함축된 짧은 문장으로 그 장을 끝낸다.

> 다윗이 행한 그 일이 여호와 보시기에 악하였더라(삼하 11:27).

이처럼 무고한 자에게 잘못하는 것에 관심을 두는 도덕적인 최종 결정권자가 계시다는 사실에 이 이야기를 읽는 사람은 마음을 놓는다. 그런데 이렇게 주께서 불쾌하게 느끼시는 것은 무엇 때문이었을까? 단지 율법을 주신 이로서 율법이 무시당했음에서 오는 불쾌감이었을까? 아니면 이와 같은 문제에서 왠지 하나님이 친히 부당한 대우를 받으신 것이라는 생각에서 오는 불쾌감이었을까? 비록 나단의 메시지를 듣고 눈을 뜨기까지는 다윗이 사실을 제대로 보지 못했지만, 나는 주님이 불쾌하게 느끼신 이유가 후자라고 생각한다.

하나님께 저지른 잘못이 드러난 것은 다음의 말씀을 통해서였다.

> 이스라엘의 하나님 여호와께서 이처럼 이르시기를 내가 너를 이스라엘 왕으로 기름 붓기 위하여 너를 사울의 손에서 구원하고 네 주인의 집을 네게 주고 네 주인의 아내들을 네 품에 두고 이스라엘과 유다 족속을 네게 맡겼느니라 만일 그것이 부족하였을 것 같으면 내가 네게 이것 저것을 더 주었으리라 그러한데 어찌하여 네가 여호와의 말씀을 업신여기고 나 보기에 악을 행하였느냐 네가 칼로 헷 사람 우리아를 치되 암몬 자손의 칼로 죽이고 그의 아내를 빼앗아 네 아내로 삼았도다(삼하 12:7-9).

다윗을 향한 하나님의 선하심을 얼마나 조목조목 잘 열거하고 있는지! 그동안 하나님이 다윗에게 얼마나 선하셨는지를 다윗 자신보다 더 잘 아는 사람은 없었다. 나단의 말을 듣자 다윗은 가족 중에서 가장 어리고 존재감도 없는 목동이던 그가 어떻게 하나님의 탁월한 은혜로 이스라엘의 두 번째 왕으로 택함을 받아 사무엘에 의해 그의 가족 앞에서 기름 부음을 받았는지 생각났다. 수 년 동안 통치자 사울 왕으로부터 그가 겪은 격렬한 시기와 증오가 생각났으며, 그가 얼마나 여러 번 죽음의 문턱까지 갔었는지 그리고 하나님이 얼마나 그를 거듭해서 구해주셨는지 생각났다.

또한 다윗은 하나님이 어떻게 처음에는 유다 가문이, 나중에는 이스라엘 가문 전체가 박해받는 젊은 다윗에게 돌아와 왕으로 섬기게 하셨는지, 더군다나 그 일을 손가락 하나 움직일 필요도 없이 이루게 하셨는지 생각났으며, 그것은 하나님이 그에게 주신 선물이었음이 생각났다.

나단은 하나님이 다윗에게 주신 온갖 부와 심지어 하나님이 그의 성적인 만족을 위해 넘치게 베풀어주신 것까지 모두 지적했다. 게다가 다윗은 하나님이 관대하게 이 모든 것을 주셨는데도 다윗이 불충분하다고 여긴다면 더 주시려고 하셨다는 말을 전해 듣는다(이 말씀에 불쌍한 다윗은 점점 더 낮아진다). 하나님이 다윗만큼 관대하게 다루신 사람은 없었으며, 다윗도 그것을 알고 있었다.

그런 다음 나단은 바로 가슴을 베는 것 같은 엄중한 말씀을 전한다.

어찌하여 네가 여호와의 말씀을 업신여겼느냐?

다른 말로 하면, 이것은 마치 하나님이 다음과 같이 말씀하시는 것 같았다.

내가 네게 그렇게 많은 것을 주었건만, 너는 마치 내가 네게 더 많이 주는 것을 아까워하기라도 하는 것처럼, 마치 네 행복을 위한 최상의 계획이 무엇인지를 내가 알지도 못하는 것처럼, 마치 내가 정말로 너를 사랑하지도 않는 것처럼, 너는 어째서 너에게는 금지된 작은 열매와도 같은 남의 아내를 빼앗아야만 하느냐?

하나님이 다윗의 죄를 통해 겪으신 깊은 상처가 모두 이 말씀에 드러나기에, 여기에 통곡이 들어있는 것처럼 보인다. 그것으로 다윗은 끝났다. 다윗은 더는 숨고, 변명하고, 자기를 정당화하려 하지 않았다. 그 말씀을 듣는 순간 다윗은 하나님 앞에서 깨어졌으며 다음의 짧은 한 문장으로 인간이 할 수 있는 가장 중요한 말을 토해내었다.

> 내가 여호와께 죄를 범하였노라(삼하 12:13).

그런 다음 회복된 다윗은 앞서 언급한 간증의 시편을 기록했는데, 여기서 다윗의 정신과 마음을 사로잡은 것은 그가 지은 죄의 단면과 죄를 용서하시는 하나님이었다.

만일 인간에게 볼 수 있는 눈이 있다면, 그들의 성적 악행에 너무나 종종 이런 요소가 있음을 볼 수 있을 것이다. 남자들과 여자들이 성적 악행을 저지르는 이유는 반드시 그들에게 무엇인가 부족한 것이 있어서가 아니다. 이렇게 흔히 범하는 그들의 죄와 대조적으로 그들에 대한 하나님의 선하심과 관대하심이 있다. 하나님은 인간에게 얼마나 선하신가!

앞서 얘기한 그 젊은 독신 남자나 여자는 훌륭한 부모, 행복한 가정, 적절한 풍요, 전망 있는 미래와 같은 참으로 많은 것을 받았다. 그리고 피조물이 하나님을 인정하든 안 하든, 하나님의 선하심은 자기의 모든 피조물에 미치기 때문에 앞으로 하나님이 그들을 위해 어떤 좋은 것을 계획해놓으셨는지는 아무도 모른다. 그 젊은이들이 그런 설익은 열매를 딸 필요는 없었다. 오직 그들이 하나님의 때를 기다렸다면, 하나님은 그의 뜻에 따라 그들을 위해 준비하신 모든 것을 주셨을 것이다.

사랑하는 배우자, 그들만의 집, 행복한 가정 그리고 올바른 성욕에 대한 만족, 이 모든 것을 하나님이 주셨을 것이며, 더군다나 고통이나 은밀한 죄책감 같은 것은 느낄 필요조차 없이 모든 것을 누리게 하셨을 것이다. 그러나 슬프게도(마치 그들이 보잘것없는 기회라도 재빨리 붙잡지 않으면 하나님이 아까워하면서 절대로 그들이 원하는 것을 주시지 않으시기라도 할 것처럼) 그들은 금지된 열매를 따 먹었음이 분명하다. 그리고 그렇게 함으로써 그들은 하나님께 큰 잘못을 했다. 그런 잘못은 미혼자들보다 기혼자들에게서 더 크다. 선하신 하나님은 기혼자들에게 남편, 아내, 자녀, 웃음이 있는 가정을 비롯하여 너무나도 많은 것을 주셨다. 그런 가정이 깨질 것으로 생각한 사람은 아무도 없었지만 가정은 깨졌다. 이유가 무엇이든, 가정이 깨진 것은 하나님이 그동안 그들에게 선하지 않으셨거나, 하나님이 아직은 그들에게 더 선하실 용의가 없으셨기 때문이 아니다. 인간이 금단의 열매를 냉큼 따먹은 것은 그들의 욕심과 하나님의 선하심에 대한 불신 때문이었으며, 이 과정에서 하나님보다 더 심한 고통을 당한 분은 없었다.

우리의 최초의 부모를 유혹하여 최초의 죄를 짓게 하려고 사탄이 사용한 대사는 정확하게 바로 이것이었다.

> 하나님이 참으로 너희에게 동산 모든 나무의 열매를 먹지 말라 하시더냐?(창 3:1)

이 말을 통해 사탄은 그들의 시선을, 그들이 먹어도 되는

(참으로 흐드러지게 열매가 달린) 여러 그루의 나무에서 먹어서는 안 되는 한 그루의 나무로 옮기려 했다. 사탄은 그렇게 하기를 계속했으며(틀림없이 오랫동안 끈질기게 유혹했을 것이다), 결국 그들은 전혀 자유라고는 없이 사방이 꽉 막힌 곳에 갇힌 순교자가 된 것처럼 느끼게 되었는데, 그것은 모두 열매를 먹는 것이 금지된 이 나무 한 그루 때문이었다. 이 사건에 주석을 붙인 매튜 헨리(Matthew Henry)는 격식있는 어투로 다음과 같이 표현한다.

> 마귀는 예외를 늘려가면서 권리를 무효화하려고 노력했다.
> 하나님의 법은 그것이 애초에 불완전하게 전달되지 않은 한
> 비난받을 수 없다.

이것은 사탄이 우리 모두에게 쓰는 방법이 아닐까? 사탄은 하나님이 우리에게 주신 여러 가지 좋은 것들로부터 우리에게 금지된 것들로 우리의 시선을 돌리게 한다. 이 금지된 것들은 우리가 쳐다봐서는 안 되는 예쁜 얼굴, 은밀한 성

의 대상으로 생각해서는 안 되는 사람 그리고 접근해서는 안 되는 사람이다. 사탄은 너무나도 우리의 시선을 금지된 것에만 고정하게 하므로, 우리는 하나님이 넘치게 주신 다른 많은 나무를 잊고, 결국 모든 면에서 우리를 구속하려는 것처럼 보이는 도덕법에 대항할 태세에 들어간다.

하지만 사탄은 거기서 멈추지 않았다. 하나님이 금하신 것은 논리에 어긋나며 제한적이라고 넌지시 말한 후, 이 열매를 금하신 하나님을 비방하기에 이르렀다. 사탄은 하나님이 그들에게 이 나무의 열매를 먹지 말라고 하신 데에는 숨겨진 동기가 있음을 시사했다. 그 나무 이름, 곧 선악을 알게 하는 나무라는 이름을 사용하여 사탄은 이렇게 말했다.

> 너희가 그것을 먹는 날에는 너희 눈이 밝아져 하나님 같이 되어 선악을 알줄 하나님이 아시느니라(창 3:5).

다른 말로 하면 그는 이렇게 말한 것이다.

너희가 그것을 먹는 것을 하나님이 금하시는 이유는 하나님은 너희가 너무 많이 아는 것을 원하지 않고, 너희가 하나님처럼 신 같은 존재가 되기를 원하지 않으시며, 너희가 가만히 있기를 원하고, 너희가 최고의 선을 누리기를 원하지 않기 때문이다. 그러니 너희 스스로 알아서 해결하는 것이 좋을 것이다.

사탄은 오늘날 공산주의를 선동하는 역할을, 그것도 아주 고도로 위험한 차원에서 그 역할을 하고 있었다. 이러한 사탄의 제안은, 마침내 하나님에 대해 완악한 마음을 갖게 된 하와가 그 제안을 따르는 것만이 유일한 자기 방어라고 느낄 때까지 계속되었다. 성경은 얼마나 현대적인가! 이것은 유혹이 마음에 들어와 죄를 짓고 타락하게 하는 허다한 일의 뒷얘기가 아닌가?

지금까지 성 경험이 허락되지 않은 한 소녀는 자기를 재촉하고 있는 이 남자의 요구를 받아들이지 않으면, 절대로 그녀가 성 경험을 하지 못하게 될 것이라고 느낀다. 어찌 되었든 지금까지 그녀는 고달픈 삶을 살아왔다. 하나님은 다른 사람에게 주신 것을 그녀에게는 주시지 않았다. 하나님은 그녀를 잊으신 것처럼 보였으며, 그녀가 직접 해결하는 것이 좋을 것 같았다. 이렇게 생각하는 것은 이성애자는 물론 동성애자도, 즉 각기 다른 범주에 있는 모든 다른 계층의 사람도 마찬가지다.

그리고 이 모든 것에서 가장 큰 손해를 보시는 분은 하나님이시다. 하나님은 그들 자신이 생각하는 것과 다르게 생각하시며, 그들이 상상하는 것 이상으로 그들을 위한 멋지고 위대한 계획을 세우셨으나, 그들은 하나님 사랑의 목적을 망쳐버렸다.

어떤 사람이 해외 출장에서 집에 돌아왔을 때를 상상해 보자. 누군가 아내와 아이들 마음에 그 사람에 대한 적의를 품게 하였으므로 그를 보고 반갑게 달려와 반기는 대신, 그를 피하며 정말로 선제공격을 하지 않으면 공격을 당하기라도 할 것처럼 그를 적대시한다면 그의 고통이 얼마나 클 것인가!

실례를 들려고 일부러 이런 이야기를 지어낼 필요가 없

다. 언젠가 어느 가정에 머문 적이 있었는데, 두 자녀는 부모가 그들에게 음식을 충분히 주지 않을 것이라는 두려움에 잡혀있었다. 그처럼 큰 두려움이 있는 것을 보면 그들의 심리 상태가 특이했음이 분명하다. 끼니 때마다 그들은 음식을 먹게 될 것인지 몹시 걱정하면서 계속해서 부엌에 드나들면서 어머니가 저녁 준비를 하는지를 확인하려 했다. 심지어 그들은 어머니가 음식에 설탕을 넣을 것인지, 음식을 조금 주지는 않을 것인지, 늘 의심했다. 그것이 부모에게는 얼마나 괴로운 일인가! 만일 그런 상태가 끊이지 않고 계속된다면 어느 날 아이들은 부모가 그들을 적대시한다고 추측하여 부모에게 어떤 무서운 일을 저지르게 될는지 알 수 없다. 이런 예들이 설명하는 것은 사람들이 사탄이 마음에 집어넣은 생각을 믿고 자신의 생각대로 독자적으로 일을 처리할 때, 그들은 하나님께 통탄할 만한 잘못을 저지른다는 사실이다.

이것이 바로 성적 악행에서 또 하나의 간과된 요소가 아니겠는가? 그리고 가장 중요한 것은 이것이 바로 하나님과 하나님의 선하심에 대해 저지르는 잘못이 아니겠는가? 하나님과의 관계에서 평강을 맛보고자 하는 사람이 있다면 마침내 그는 다윗처럼 낮은 경지에 내려가 하나님께 다음과 같이 말씀드려야 할 것이다.

내가 주께만 범죄하여 주의 목전에 악을 행하였사오니(시 51:4).

베이커 경(Sir H. W. Baker)이 쓴 찬송만큼 이런 일들의 단면을 더 위대하게 노래한 참회의 찬송은 아마 없을 것이다. 그는 다음과 같이 노래한다.

하나님이 자기를 위해 나를 지어 그를 섬기게 하셨네,
순전한 사랑의 섬김과 아버지에 대한 경외심으로
당신의 찬송을 나타내며 그분 위해 일하게 하시려고
그때 천사들이 경배하는 하나님의 영광을 보리라.
모든 은혜가 사랑하시는 아들을 통해 내 것이 되었네.
그분의 삶과 죽음으로 완전한 나의 구원을 이루었네.

나를 강하게 하고 나를 가르치게 될 은혜.

나의 일 다 마쳤을 때 내게 관을 쓰게 하실 은혜.

그리고 불쌍한 이 죄인, 모든 것 다 던져버리리.

매일의 수고와 즐거움을 위해 살았던 모든 것을

마치 그리스도가 흘리신 보혈이 없다는 듯이

마치 내가 하나님께 존경을 빚지지 않았다는 듯이.

아 불같은 성신이시어, 성령이시어

감사가 마른 내 마음을 눈물 되어 녹이소서.

한 때 미워했던 것을 사랑하게 나를 가르치셔서

더 늦기 전에 하나님 위해 살게 하소서.

이 노랫말에서 하나님의 선하심과 그를 향한 하나님의 고귀한 목적을 거역했음을 깨닫는 사람의 흐느낌이 들리지 않는가? 그리고 이것은 당신 스스로 주님께 돌아갈 때 당연히 부르게 될 노랫말이 아닌가?

Forgotten Factors

9장
놀라운 은혜: 정결하게 된 불결한 자들!

 죄인들을 다루는 모든 일에서 하나님이 목표로 삼으시는 것은 그들을 저주하시고 진멸하시는 것이 아니라, 오히려 회복하시고 복구하시는 것이다. 이것이 주 예수 그리스도의 탁월하심이 나타나는 분야이며, 예수님은 다른 분야에서와 마찬가지로 성적으로 실패한 분야에서도 회복하시고 복구하신다. 진정으로 용서하시고, 회복하시고, 복구하시는 예수님의 사역은 너무나 위대하므로, 우리가 회개하면 예수님은 죄로 말미암아 아주 심하게 망가진 우리의 모습을 때로는 원래보다 훨씬 더 낫고 아름다운 모습으로 새롭게 하신다.

 이런 이유로 천국에는 헛된 후회도, 가책도, "그렇지 않았더라면 좋았을 걸"하는 마음도 없을 것이다. 왜냐하면 우리와 우리 삶을 위해 예수님이 행하신 회복의 역사는 은혜 덕분에 완전하고 포괄적인 것으로 나타날 것이기 때문이다. 돌아보면 우리가 망가뜨린 토기를 거룩한 토기장이가 다시 "자기 의견에 좋은 대로 다른 그릇"(렘 18:4)으로 만들었음을 알게 될 것이며, 그리함으로 토기장이가 무한한 영광을 받으셨음을 알게 될 것이다. 우리 눈의 마지막 한 방울의 눈물까지 모두 씻어주실 것이며 우리에게는 오직 찬양의 노래만이 남아있게 될 것이다. 하지만 놀라운 것은 이제 우리의 눈물이 마르게 되어 찬양의 노래를 부르기 시작할 수 있다는 사실이다.

> 몸값을 치르시고, 치유하시고, 회복하시고, 용서하신,
>
> 구주 같은 분을 어느 누가 찬양하지 않으리?

"불결한 자들을 용서하시고 불결한 자들을 정결하게 하시는" 하나님의 은혜를 다윗 이야기에서보다 더 분명하게

보여주는 곳은 어디에도 없다. 다윗의 이야기가 성경 지면을 차지하고 있는 것은 탐욕스레 죄를 범한 왕을 보여주기 위함이 아니라, 놀랍게도 용서하시고 회복하신 하나님이라는 존재를 보여주기 위함이다. 가장 위대한 시편 기자가 그처럼 부끄럽게 타락했다는 사실은 지속적으로 교회에 빚이요 수치가 되어야 했지만, 너무나도 위대한 은혜로 회복되었기에 이는 교회의 가장 위대한 자산 중 하나로 바뀌었다. 시편 32편과 51편에 상세하게 기록된 다윗의 간증만큼 참회하는 죄인들에게 용기를 주고 소망의 이유를 주는 간증은 없다. 다윗이 자기가 완성한 곡을 수석 가수에게 건네주면서 다음과 같이 말하는 모습을 그려보고 싶다.

> 이것을 사람들에게 가르쳐서 성전에서 노래하게 하라. 그래서 하나님이 나 같은 죄인에게 보이신 자비를 온 세상이 알게 하라.

그리고 하나님의 은혜로 말미암아 우리가 진 빚은 여전히 자산으로 바뀐다. 그 중 으뜸이 되는 자산은 간증이며, 만일 우리가 하나님의 뜻에 따라 간증으로 쓰임 받을 준비가 되어있다면, 이 간증은 다른 죄인들을 격려하여 예수 그리스도를 영접하게 할 것이다.

우리가 제일 먼저 목격하는 것은 회개한 다윗의 모습인데, 그가 이처럼 깊이 회개한 것은 지금까지 우리가 언급한 모든 사실 때문이다. 나단이 하나님의 메시지를 가지고 그에게 나타나자마자 다윗은 한순간도 회피하거나 변명하지 않고 선지자 앞에 겸손히 행하면서 "내가 여호와께 죄를 범하였노라"(삼하 12:13)고 말했다. 다윗이 한 회개의 깊이를 잴 수 있는 것은 그가 자발적으로 용서받은 죄인의 간증을 기록하여 그것을 성전에서 노래하게 했다는 사실에 의해서이다. 다윗의 모습은 그의 선왕인 사울과 사뭇 달랐다. 선지자 사무엘로부터 똑같은 말을 들었을 때 사울이, "내가 범죄하였을지라도"라고 말한 다음에 곧이어 다음과 같이 말한 것에서 그의 회개가 얼마나 신실하지 못했는지 그 깊이가 드러난다.

> 이제 청하옵나니 내 백성의 장로들 앞과 이스라엘 앞에서 나를 높이사(삼상 15:30).

다른 말로 하면, 사울이 청하는 것은 다른 사람은 아무도 알게 하지 말고 그와 종교의식을 치르자는 것이다. 반면에 다윗은 그가 정말로 어떤 사람이었는지, 즉 그 자신이 하나님이 자비를 베풀어주신 죄인이었다는 사실이 알려지는 것을 꺼리지 않았다.

또한 다윗의 회개의 깊이는 그의 간증이 담긴 시편 51편에서도 드러난다. 시편 51편에서 다윗은 자기 죄를 회피하거나, 합리화하거나, 전처럼 "칼은 이 사람이나 저 사람이나 삼키느니라"(삼하 11:25)와 같은 말을 하지 않는다. 오히려 그는 "하나님이여 나의 구원의 하나님이여 피 흘린 죄에서 나를 건지소서"(시 51:14)라고 기록한다. 다윗은 자기가 저지른 죄를 있는 그대로 살인이라고 부른다. 틀림없이 다윗의 주변에는 왕의 편을 들면서 이것은 엄밀히 말해 살인이 아니었음을 설득하려는 사람들이 많이 있었을 것이다. 그러나 이제 다윗은 하나님 앞에서 겸손히 행하게 되었으므로 그런 말을 듣지 않으려 한다. 그는 자기 자신을 스스로 살인자라고 부르며 온 땅의 심판자께 단지 그를 죄에서 건져주실 것을 청한다.

다윗이 어떻게 그런 정직과 자기 판단에 이르게 되었는지를 묻는다면, 오직 다윗은 자기가 상대한 하나님이 어떤 존재인지를 알고 있었다고, 다윗은 그의 하나님이 자비롭고 은혜로우시며 용서할 용의가 있으신 하나님이심을 알고 있었다고 대답할 수 있다. 그러한 하나님의 은혜 앞에 선 다윗은 자기 죄악을 낱낱이 고백할 수 있음을 알았다. 그러자 정말로 번개처럼 빠르게 그 고백에 응답이 왔다.

> 여호와께서도 당신의 죄를 사하셨나니 당신이 죽지 아니하려니와(삼하 12:13).

그런데 여기서, '~도'라는 말에 주목해야 한다. 마치 나단은 다음과 같이 말한 것 같다.

당신의 고백과 자기 판단을 통해 당신은 죄를 벗어 버렸습니다.

즉 죄에서 돌이켰습니다. 여호와께서도 똑같이 하셨습니다.

이제 죄는 영원히 사라졌다고 생각하셔도 됩니다.

이토록 관대한 말에 우리는 놀라지 않을 수 없다.

아, 견줄 수 없는 친절함을, 하나님은 보이셨도다,

자기의 적들에게 이 견줄 수 없는 친절함을.

그리고 다윗의 죄로 말미암아 생긴 상황이 당장은 해결될 기미가 보이지 않으며, 비록 그가 가혹한 징계를 받아야 할지라도, 죄를 용서받은 그는 이제 하나님과 교제하면서 모든 것을 극복해나가는 중에 하나님의 위로하심과 보호하심을 모두 경험한다.

다윗처럼 회개할 때, 우리에게도 같은 은혜가 임한다. 우리가 죄 안에 있을 때 하나님이 자기의 아들을 우리에게 보내시어 우리를 위해 십자가에서 죽게 하셨음을 알기에, 정말로 그 은혜는 우리에게 더 분명하고 더 확실해졌다. 우리가 더는 목을 곧게 세우지 않고 예수님 앞에 머리 숙여 회개하고 고백하는 그 순간, 우리가 듣는 것은 "주께서도 네 죄를 사하셨다"는 말씀이다. 다윗의 사건에 관한 주석에서 캠벨 모간(G. Campbell Morgan)은 다음과 같이 말한다.

> 인간은 진정으로 자기의 죄를 고백할 때 죄를 벗는다. 그로 말미암아 하나님 또한 그 죄를 없애실 수 있다. 하나님이 죄를 없애심이 항상 가능한 것은 잠정적으로는 거룩한 구원에 의해서이다. 그러나 그것이 가능할 수 있는 것은 오직 죄인의 경험에서이며, 이때 죄인은 죄를 고백하고, 죄를 판단하고, 자신으로부터 죄를 떠나보낸다(『말씀의 조명』[*Searchlights from the Word*], G. Campbell Morgan, Oliphants Ltd., London).

그리고 하나님이 죄를 없애시면 우리는 정말로 죄가 떠났음을 믿어야 한다.

동이 서에서 먼 것 같이 우리의 죄과를 우리에게서 멀리

옮기셨으며(시 103:2).

여기서 동과 서의 거리는 측량할 수 없을 정도로 끝이 없는 거리를 말한다. 하나님은 회개한 사람의 죄를 그 정도로 멀리 옮기셨다. 그리고 다윗의 경우처럼, 비록 우리가 지은 죄 때문에 빚어진 상황이 얼마 동안 지속하고 우리를 겸손케 하는 여러 가지 훈련이 있을지라도, 용서받은 우리는 그 모든 과정을 예수님과 교제하면서 통과할 수 있다. 아마 앞으로도 항상 그렇겠지만, 때로는 우리가 지은 죄로 말미암아 고통스러운 결과가 따른다는 사실 때문에 우리가 죄를 용서받았음을 믿기 어렵거나, 적어도 죄를 용서받았음을 즐기기가 어려울 것이다.

그러나 우리는 죄를 용서받았음을 믿고 즐거워해야 한다. 그렇지 않으면 우리는 하나님과 그 아들이 우리를 위해 흘리신 피를 불명예스럽게 만들게 되는데, 그것은 "하나님을 믿지 아니하는 자는 하나님을 거짓말하는 자"(요일 5:10)

로 만드는 것이기 때문이다. 그리고 우리가 죄를 용서받았음을 믿고 그것을 즐길 때, 하나님은 죄 때문에 마땅히 우리가 겪어야 할 결과를 바꾸셔서, 그 죄가 더는 심판의 특성을 띄지 않고 다만 우리 삶에서 하나님이 새로운 계획을 이루어 가시는 통로가 되게 하실 수 있다. 이에 관하여는 나중에 좀 더 얘기하겠다.

다윗은 죄를 회개했을 뿐 아니라 죄 때문에 하나님이 그에게 부과하신 모든 훈련에 복종했음이 분명하다. 이렇게 다윗이 복종하자, 그는 놀랍게도 하나님으로부터 용서를 받은 것에 더하여 더 놀라운 은혜를 받게 되었다.

비록 하나님은 다윗의 죄를 완전히 용서하셨지만, 그래도 그에게 엄한 징계를 내리셨다. 먼저 나단은 다윗에게 주님이 그의 죄를 없애주셨다는 말을 한 다음 곧 이어 다음과 같이 덧붙여 말해야 했다.

> 이 일로 말미암아 여호와의 원수가 크게 비방할 거리를 얻게 하였으니 당신이 낳은 아이가 반드시 죽으리이다 (삼하 12:14).

또한 다윗은 다음과 같은 말씀을 전해 들었다.

> 칼이 네 집에서 영원토록 떠나지 아니하리라…보라 내가 네 집에 재앙을 일으키고…(삼하 12:10-11).

이 두 가지 일은 틀림없이 실현되었으며, 감동적이게도 다윗은 그의 하나님이 보내신 징계에 온순하게 복종하는 모습을 보인다. 다윗은 "주께서 그 사랑하시는 자를 징계하시고 그가 받아들이시는 아들마다 채찍질"(히 12:6)하신다는 사실을 알고 있었다. 다윗이 그처럼 불평하지 않고 복종한 것은 그에게 임한 것은 심판자의 형벌이 아니라, 그를 용서하신 아버지의 징계였음을 알고 있었기 때문이다.

이 일은 상세하게 되풀이할 만한 가치가 있을 것이다. 밧세바가 낳은 아이가 병에 걸렸다.

> 다윗이 그 아이를 위하여 하나님께 간구하되 다윗이 금식 하고 안에 들어가서 밤새도록 땅에 엎드렸으니(삼하 12:16).

하지만 아이가 죽었다는 소식을 들은 다윗은 더 절망하는 대신 "땅에서 일어나 몸을 씻고 기름을 바르고 의복을 갈아 입고 여호와의 전에 들어가서 경배하고 왕궁으로 돌아와 명령하여 음식을 그 앞에 차리게 하고"(삼하 12:20) 먹었다. 다윗은 이러한 자기 행동을 보고 놀라워하는 신하들에게 다음과 같이 기품 있게 말했다.

> 아이가 살았을 때에 내가 금식하고 운 것은 혹시 여호와께서 나를 불쌍히 여기사 아이를 살려 주실는지 누가 알까 생각함이거니와 지금은 죽었으니 내가 어찌 금식하랴 내가 다시 돌아오게 할 수 있느냐 나는 그에게로 가려니와 그는 내게로 돌아오지 아니하리라(삼하 12:22-23).

여기서 주목해야 할 것은 하나님이 그에게 임하도록 허락하신 것에 불평 없이 복종하는 다윗의 태도이다.

나단이 앞으로 다윗 가정에 있게 될 것이라고 예언한 불행 또한 어김없이 닥쳤다. 다윗의 생애에 가장 어두운 순간은 그의 아들 압살롬이 역모를 일으켜 온 백성을 다윗에게서 멀어지게 하고 그의 보좌를 찬탈하는 일에 성공을 거두었음을 그가 알게 된 때였다.

그러나 다윗이 충성스러운 부하 몇백 명만을 거느리고 망명길에 올라야 했던 그 슬픈 밤의 어둠이 밝아진 것은, 모든 일이 하나님이 말씀하신 대로 일어나고 있다는 것과 비록 그가 밀리고 또 밀리는 무척 고통스러운 위기에 처했을지라도, 이 모든 것이 그를 용서하시고 그가 사랑하게 된 하나님의 손에서 진행되고 있다는 이 한 줄기 빛 때문이었다. 바로 그 때문에 다윗은 자기에게 고통을 주시는 그 손에 복종하는 일이 어렵지 않았다. 다윗의 수행자들이 하나님이 그들 편에 계심을 나타내려고 하나님의 언약궤를 가지고 오려 했을 때, 다윗은 이렇게 말했다.

> 보라 하나님의 궤를 성읍으로 도로 메어 가라 만일 내가 여호와 앞에서 은혜를 입으면 도로 나를 인도하사 내게 그 궤와 그 계신 데를 보이시리라 그러나 그가 이와 같이 말씀하시기를

> 내가 너를 기뻐하지 아니한다 하시면 종이 여기 있사오니 선히
> 여기시는 대로 내게 행하시옵소서 하리라(삼하 15:25-26).

이런 처지에서 다윗이 하나님께 복종하는 모습은 다른 사람들에게 보복하지 않는 태도에서도 나타난다. 다윗이 도망하는 것을 본 옛 원수 하나가 공개적으로 그를 저주했을 때 다윗의 수행자들은 그 만용을 참지 못하고 그를 쳐 죽이려 했으나 다윗은 이렇게 말했다.

> 여호와께서 그에게 명령하신 것이니 그가 저주하게 버려두라
> 혹시 여호와께서 나의 원통함을 감찰하시리니 오늘 그 저주
> 때문에 여호와께서 선으로 내게 갚아 주시리라(삼하 16:11-12).

그러나 모든 고통의 원인인 자기 아들 압살롬에 대한 태도보다 이처럼 보복하지 않으려는 관대한 다윗의 태도를 더 잘 드러내는 것은 없다. 마침내 다윗이 압살롬과 그의 군사들을 치려고 자기 부하들을 보내게 되었을 때에 그는 조심

스럽게 지시하였다.

> 나를 위하여 젊은 압살롬을 너그러이 대우하라(삼하 18:5).

다윗의 목적은 반드시 압살롬이 죽게 하는 것이 아니라, 반드시 아들을 살아 돌아오게 하여 아버지의 사랑으로 그를 굴복하게 하는 것이었다. 나중에 다윗은 자기 아들이 전투 중에 죽임을 당했다는 소식을 듣고 비통하게 울부짖는데, 이보다 더 비통한 울부짖음을 기록한 문헌은 어디에도 없다.

> 내 아들 압살롬아 내 아들 내 아들 압살롬아 차라리 내가 너를 대신하여 죽었더면, 압살롬 내 아들아 내 아들아 (삼하 18:33).

그리고 다윗이 원수들에게 이런 관용을 베풀 수 있었던 것은 그가 처음에 하나님 앞에서 겸손히 행하고 그가 받은 징계가 하나님에게서 온 것으로 받아들인 사실에서 비롯되었다. 이렇게 하나님은 다윗의 죄를 용서하셨을 뿐만 아니라 그의 죄로 말미암은 고통과 징계까지 모두 사용하심으로써 그로 더욱 성숙한 성도의 길을 가게 하셨으며 하나님께 복종하게 하셨다.

마찬가지로 비록 우리 자신은 용서받았다고 생각하고 있을지라도, 우리가 지은 죄 때문에 우리에게 닥칠 수 있는 바로 그 상황을 통해, 하나님은 우리에게 심한 징계를 감당하게 하실 수도 있다. 이러한 하나님의 징계에 대하여 우리는 우리에게 닥치는 모든 것을 우리를 용서하신 사랑의 하나님의 손길로 이해하면서 하잘 것 없는 명분을 내세우거나 불평하지 않고 그 징계에 복종하도록 부르심을 받았다. 우리는 오직 이렇게 함으로써 우리가 우리 자신을 발견하는 상황을 다루시며 이 상황을 새로운 사랑의 목적을 위한 기회로 만드시는 하나님의 더 큰 은혜를 발견하게 될 것이다.

때때로 회개했다고 주장하는 사람들에게서 이런 복종이 부족함을 볼 수 있다. 한때 나쁜 행실에 빠졌던 사람에 관한 이야기를 들었는데, 그 사람이 다니던 침례교회의 집사들은 성경말씀에 따라 그를 징계해야 한다고 생각했다. 그래서 집사들은 교적에서 그의 이름을 없애버렸고, 원한다면 그가 계속해서 교회 예배에는 참석할 수 있지만 성찬식에서 빵과 포도주를 나누는 것은 금했다.

그는 모든 죄를 낱낱이 고백했고, 겉으로는 회개한 것처럼 보였다. 그는 계속해서 교회에 출석했으며 성찬식에 참여하지 않고 뒷자리에 앉았다. 그러나 교회에서는 그의 고백만을 근거로 그를 금방 다시 교적에 올릴 수 없었으며, 그러한 것은 그를 용서하지 않는 것처럼 보였다. 이런 상황에 화가 난 그는 다른 교회로 가버렸는데, 이것은 교적을 빨리 회복시키지 않은 그 교회가 옳았음을 보여준다. 만일 그가 진정으로 회개했다면 그는 교회 형제들이 필요하다고 생각하는 동안 그가 감당해야 할 모든 것에 복종했을 것이다.

그는 "비록 그들이 나를 영원히 제외한다고 해도, 그것은 내 죄 때문에 마땅히 내가 받아야 할 최소한의 처분일 뿐이다"라고 말했어야 하며, 그는 이 일을 하나님의 손에서 온 것으로 받아들이고 평강 중에 있어야 했다. 그것이 곧 죄인들의 교제 집단에서 속히 인정받는 사람의 모습이며, 그것이 바로 진정한 그리스도인 교회의 모습이다.

만일 우리 자신이 다른 사람들로부터 용서받거나 이해받지 못하고 있음을 발견한다면, 그것은 아마 우리가 정말로 충분히 회개하지 않았으며 우리에게 일어날 수 있는 모든 일에 충분히 복종하지 않았기 때문일 것이다. 본능적으로 사람들은 그것을 느끼며 그에 따라 우리를 대한다. 진정으로 깨어진 사람을 용서하지 않기란 대단히 어려운 일이기 때문이다. 우리가 충분히 겸손했지만 사람들이 여전히 우리를 용서하거나 이해하지 않는다면, 우리는 계속해서 더 복종해야 한다. 왜냐하면 무엇보다 우리가 복종하는 대상은 하나님이시기 때문이다.

하나님이 다윗에게 임할 것을 허락하신 모든 일에 그가 복종했을 때, 다윗이 발견한 것은 하나님이 그를 위해 정사에 손을 대시고, 그를 자기 자식처럼 옹호하시고, 그의 원수를 모조리 잠잠하게 하시는 그 모든 일을 하신다는 사실이었다. 다윗의 죄 때문에 벌어진 상황은 이제 더는 그의 책임이 아닌 하나님의 책임이었다. 이 상황은 이제 다윗에 대한 하나님의 새로운 목적을 위한 질료가 되었으며, 그 상황에서 하나님은 마치 다윗은 비난받을 것이 전혀 없다는 듯이, 다윗의 하나님이란 분이 어떤 분인지를 나타내 보이려 하셨다. 그리고 다윗을 비난하시지 않은 진정한 이유는 하나님이 그를 완전히 용서하셨기 때문이다.

지금은 다윗에 관한 불멸의 이야기를 다시 상세하게 되풀이할 때가 아니다. 다만 하나님이 다윗을 그의 모든 원수에게서 구원하셨으며, 마침내 영원히 빼앗겼다고 생각되었던 바로 그 보좌에 다시 오르게 하셨다는 얘기만을 하려 한다. 압살롬은 싸움에서 죽임을 당하였고, 그의 군대는 진멸되었으며, 나중에 온 백성이 "당신께서는 모든 부하들과 함께 돌아오소서"(삼하 19:14)라는 메시지를 다윗에게 보내기에 이르렀다.

다윗은 과거 어느 때보다 더욱 큰 사랑과 존경을 받게 되었으며, 그의 보좌는 더욱 견고해졌으며, 그의 나라는 더욱 번성하게 되었다. 이제 실패와 원수들의 지독한 증오 그리고 끝없이 회복하시는 하나님 은혜를 통과하면서 다윗이 겪은 것들은 "이스라엘의 노래 잘하는 자"를 통해 오직 하나님께 바치는 더 깊은 찬양의 노래로 터져 나오기에 이른다. 이 모든 이야기가 설명하는 것은 하나님은 회개하는 사람을 용서하실 뿐 아니라, 필요하다면 그를 모든 사람 앞에서 하나님의 자녀요 종으로 옹호하신다는 놀라운 사실이다.

같은 일이 우리에게도 적용된다. 우리가 회개할 때까지는 우리가 만든 상황은 우리 책임이다. 그러나 우리가 회개하고 자백하면서 겸손히 행하는 그 순간부터 상황은 하나님의 것이 되며, 그 상황에서 뭔가 새로운 일을 하시는 것이 하나님의 목적이 된다. 다윗의 상황과 마찬가지로 마치 우리가 비난받을 것이 없는 것처럼 이제 우리의 상황은 하나님의 새로운 사랑의 계획을 위해 사용될 재료일 뿐이다. 책임은 우리 어깨에서 하나님 어깨로 넘어갔다. 이 모든 문제에서 하나님은 우리가 하나님 안에서 안식할 것을 명하시며, 그런 다음 취해야 할 후속 조치에 관해 하나님이 우리에게 주시는 빛에 순종함으로써 오직 하나님께 협조할 것을 명하신다. 이제 우리가 그렇게 할 때, 하나님은 우리의 유익을 위해 일하시며, 실수가 없이 일하시는 하나님의 흔적을 담은 새로운 모습이 우리 안에 나타나기 시작한다. 그리고 평강 중에 하나님과 동행하는 동안 우리는 하나님이 무질서에서 질서를 이루심을 발견한다. 만일 우리의 엄청난 죄로 말미암은 이처럼 어려운 상황에서 어떻게 우리가 평강 중에 하나님과 동행할 수 있는지를 내게 묻는다면, 우리가 죄를 죄라고 부를 때 하나님 보시기에 그리스도의 피보다 우리를 더 희게 씻는 것은 없으며, 회개하는 사람이 극악무도한 죄인이라 할지라도 하나님은 이처럼 회개하는 사람의 편에 영원히 계신다고 대답하겠다.

이처럼 지극히 풍성하고 끝없이 다양하게 개가를 올리는 은혜는 그리스도의 복음이 선포되는 곳이라면 어디에서든지 목격된다. 많은 증언자가 일어나 그들을 용서하고, 그들을 갱생시키고, 그들의 죄로 말미암은 모든 손해를 "처음보다 낫게"(겔 26:11) 바꾼 위대한 은혜를 이야기하련다.

여기에 적절한 한 사례를 소개하겠다. 내가 아는 어느 젊은 미혼모는 피폐한 생활을 꾸려오던 중에 예수님을 구원자로 알게 되었다. 그녀는 자기가 저지른 특별한 악행뿐 아니라 다른 여러 가지 이유로 자기 자신을 죄인으로 여겼지만, 예수님은 그녀를 구원하러 오셨다는 것을 알게 되었다. 크게 용서받은 그녀는 자기의 구원자를 무척 사랑했으며, 매일 매순간 그분과 동행하는 것을 배웠다. 예수님이 완전하게 죄를 용서하시고 씻어주셨으므로, 그녀는 심한 자괴감에서 벗어났으며 평강으로 구원자에게 죄인의 간증을 드리게 되었다. 때로 사탄이 과거 문제를 들추어 그녀를 비난할 때마다 십자가 앞에 엎드려야 할 때도 있었지만, 그녀의 얼굴은 전보다 밝아졌고, 씩씩하게 일터에 나갔다. 이제는 아기를 하나님이 주신 선물로 받아들여 즐겁게 키우고 있다.

그녀는 지금의 자기 모습이 아닌 다른 모습으로 알려지기를 전혀 원하지 않았으며, 항상 구원하시는 하나님의 은혜를 다른 미혼모들에게 간증할 용의가 있었다. 이렇게 몇 년을 보내고 있던 어느날, 한 그리스도인 남자가 인생의 동반자를 찾아 하나님의 뜻을 구했을 때 하나님은 그를 그 여자와 만나도록 인도하셨다. 현재 그들은 결혼하여 많은 찬양을 하나님께 올려드리는 또 다른 그리스도인 가정을 이루었다. 피폐함에서 시작된 이 모든 일은 하나님을 멀리 떠나 사는 사람들에게는 절망과 냉소 외에는 아무런 의미가 없을 것이다. 확언하건대 하나님을 삶 속에 모셔들일 때, 그때 하나님이 발견하시는 삶의 상태가 어떠하든 항상 그 결말은 행복하다.

심지어 다윗이 그가 지은 죄로 심한 고통을 겪고 있을 때에도, 하나님이 죄인에게 베푸시는 은혜를 확신했다는 것은 참으로 놀라운 일이었다. 우리 자신을 격려하기 위해 사건 하나를 인용하려 한다. 시편 3편의 표제에 의하면 이 시편이 기록된 것은 "다윗이 그의 아들 압살롬을 피할 때"였다. 이때는 분명 다윗의 삶에서 가장 어두운 순간이었을 것이며, 다윗은 나단에게서 이 사건이 그가 지은 죄에 대한 징계로 닥치는 일 중 하나라는 이야기를 들어 알고 있었기에 더 고통스러웠을 것이다. 그러므로 정신이 완전히 무너져 내리고 자기 비난으로 가득 찬 다윗이, 마땅히 그가 받아야 할 것을 하나님이 주시지 않을 것으로 생각하고, 다리 사이에 꼬리를 감춘 강아지처럼 달아날 것으로 생각하는 사람도 있을 것이다. 실제로는 상황은 그와 정반대였다. 우리가 발견하는 다윗은 하나님이 자기 편에 계심을 절대적으로 확신하면서 하나님을 완전히 신뢰하는 모습이다. 그의 말을 들어보자.

> 여호와여 나의 대적이 어찌 그리 많은지요 일어나 나를 치는 자가 많으니이다 많은 사람이 나를 대적하여 말하기를 그는 하나님께 구원을 받지 못한다하나이다 여호와여 주는 나의 방패시오 나의 영광이시오 나의 머리를 드시는 자이시니이다(시 3:1-3).

이런 맥락에서 계속해서 더욱 확신하게 된 다윗은, 급기야 주님이 그를 위해 완전한 승리를 거두실 것이며, 그의 원수들을 완전히 무찌르실 것임을 믿음을 가지고 고대하는 말로 시편 3편을 마친다.

여호와여 일어나소서 나의 하나님이여 나를 구원하소서 주께서 나의 모든 원수의 **뺨**을 치시며 악인의 이를 꺾으셨나이다 (시 3:7).

과거에 저지른 악행 때문에 오늘날 힘든 길을 가고 있는 사람이라면 누구든 이 시편이 참으로 큰 격려가 될 것이다. 그런 사람이라면 아마 다윗이 하나님을 신뢰한 것보다 더 은혜의 하나님을 신뢰할 것이다. 왜냐하면 그 사람은 예수님이 그를 위해 죽으셨다는 것과, 예수님의 피는 모든 죄를 씻고 그가 지은 모든 죄의 요소를 완전히 제거하기에 충분하다는 것을 이해할 수 있기 때문이다. 그러므로 그는 더는 자기 비난을 할 필요가 없다. 하나님이 그를 막대기로 치심은 이치에 맞지 않다. 오히려 참회하는 자의 편에서 그가 가져온 혼란을 새롭고 아름다운 것으로 만드신다는 것을 이해할 수 있다. 그 동안 다윗에게 하셨듯이, 하나님은 시련과 징계를 도구 삼아 그 사람이 성도의 길과 하나님께 복종하는 길을 가도록 재촉하신다.

아름답고 선한 일은

그분이 내 모든 혼돈을 이해하셨다는 것이네.

내가 그분께 드릴것은 깨어짐과 다툼뿐이었네.

그러나 그분은 내 삶에서 아름다운 것을 만드셨네.

   -"아름다운 것"[somethnig Beautifull],William J. Gaither.

10장
더 깊은 회개

이제 남아있는 부분에서 아주 중요한 의미를 가진 것처럼 보이는 단어 하나가 반복해서 나오는 것을 보게 될 것이다. 실로 회복에서 하나님의 참된 은혜를 경험할 수 있는 것이 이 단어에 달려있다는 사실을 강조했는데, 이는 '회개'라는 미미한 단어이다. 그러므로 우리는 이 단어를 정의하고 여기서 우리에게 필요한 것이 무엇인지를 분명히 밝히는 것이 중요하다. 진정으로, 이 책의 부제가 "우리가 간과했던 성적 악행에 관해 더 깊은 회개로 이끄는 길잡이"라는 사실 때문에라도 더욱 그렇게 해야 하는데, 그러려면 우리는 성경 말씀으로 돌아가야 한다.

어느 참고도서를 보든지 '회개'로 번역된 헬라어에 사람의 마음을 바꾼다는 뜻이 있음을 발견하게 될 것이다. 이 단어는 죄와 관련해서뿐 아니라 다른 것과 관련해서도 마음의 변화를 표현하는 데 사용한다.

> 그는 사람이 아니시므로 결코 변개하지 않으심이니이다 (삼상 15:29).

위의 성경말씀은 하나님이 마음을 바꾸시지 않는다는 말씀이다.

> 하나님의 은사와 부르심에는 후회하심이 없느니라(롬 11:29).

또한 위의 말씀은 하나님은 우리에게 주신 소명에 관련해서 마음을 바꾸시지 않음을 뜻한다. 그리고 또한, 에서와 관련해서 "눈물을 흘리며 구하되 버린 바가 되어 회개할 기회를 얻지 못하였느니라"(히 12:17)라는 말씀이 있다. 이 말씀은 에서가 회개할 수 없었다는 뜻이 아니라 에서가 아버지 이삭을 회개하게 할 수 없었다는 뜻, 즉 이삭의 마음을 바꾸게 할 수 없었다는 뜻이다. 이삭은 족장의 축복과 그에 따르는 온갖 좋은 것을 야곱에게 주었으며 그 축복을 돌이키려 하지 않았다.

보통 '회개'라는 단어는 도덕적인 문제와 관련해서 마음을 바꾸는 것을 표현하는 데에 사용된다. 자기가 한번 옳았다고 말한 것을 스스로 잘못으로 인정하거나, 자기가 옳았다고 밝힌 것을 이제 와서 스스로 잘못이라고 바꾸는 것은 정말로 대단한 심경의 변화이다. 왜냐하면 우리는 모두 옳은 것을 좋아하고 옳지 않은 것을 싫어하기 때문이다.

하나님이 인간을 회개로 부르시는 것을 세 가지 항목으로 요약할 수 있다. 첫째, 하나님은 인간을 "하나님께 대한 회개"(행 20:21)로 부르신다. 그것은 모든 죄인이 부름을 받는 기본적인 회개이다. 제멋대로 삶을 영위하며 하나님과 관계없이 제 갈 길로 가는 것을 죄인들은 회개해야 하며, 그것이 올바른 행위라고 생각하는 것을 회개해야 한다. 그들은 마음을 바꿔야 하며, 그들이 하는 행동이 옳지 않다는 것을 인정하고 하나님께 돌아가야 한다. 이것은 그들이 이런저런 문제에 대하여 경건의 대로에서 벗어났음을 고백하는 문제가 아니라, 멸망에 이르는 넓은 길로만 갔음을 인정하는 문제이다.

둘째, 베드로가 마술사 시몬에게 말했을 때처럼 각 사람의 죄와 태도를 회개해야 한다. 베드로는 이렇게 말했다.

> 그러므로 너의 이 악함을 회개하고 주께 기도하라 혹 마음에 품은 것을 사하여 주시리라(행 8:22).

이것은 처음으로 하나님께 돌아가는 사람을 회개로 부르시는 것일 뿐 아니라, 또한 필요에 따라 그리스도인을 회개로 부르시는 것이다. 요한계시록 앞부분에 기록된 일곱 교회 중 자그마치 다섯 교회에게 주님이 주신 메시지는 "회개하라"였다(계 2:5, 16, 21 ; 3:3, 19).

셋째, "죽은 행실을 회개함"(히 6:1)이라는 문구가 있다.

나는 "믿음을 의지하지 않고 행위를 의지"(롬 9:32)하여 하나님과의 화평을 추구하는 것을 회개해야 한다는 뜻이 이 문구에 들어있다고 추정한다. 우리는 행위로 하나님께 돌아갈 길을 모색하려는 마음을 바꿔야 한다. 이것은 정말로 올바른 것처럼 보이지만, 우리는 그런 행위를 회개해야 하며 먼저 우리가 새로운 생명의 길인 예수님의 피에 힘입어 그분께 나아가지 않는 한 우리의 행위는 하나님께 아무 가치도 없는 죽은 행실임을 알아야 한다.

즉 회개는 이 세 가지 항목에 관련하여 태도를 바꾸는 것이다. 그러나 여기서 우리는 특별히 두 번째 항목인 죄의 회개를 생각해 보겠다. 죄를 회개하는 것은 반드시 표현되어야 하며, 이것은 고백의 말과 배상의 행위로 나타내야 한다.

먼저 고백을 생각해보자. 물론 먼저 회개해야 한다. 우리는 회개하지 않은 것을 죄로 고백할 수 없으며, 우리가 회개한 것을 이제 죄로 고백해야 한다. 이 회개는 맨 먼저 하나님께 해야 한다. "하나님은 모든 일을 알고 계신데, 왜 그분께 그것을 고백해야 하는가?"라고 말하는 것으로는 충분하지 않다. 하나님은 "너는 말씀을 가지고 여호와께로 돌아오라"(수 14:2)고 말씀하신다. 그러므로 당신이 회개한 것을 말로 나타내야 한다. 당신이 무엇을 했는지, 당신이 이제 무엇을 죄로 여기는지 그리고 죄가 어떻게 있는 그대로의 당신의 모습을 드러내는지, 무릎을 꿇고 그것들을 숨김없이 하나님께 고하기 시작해야 한다.

그 일을 서두르지 않기 바란다. 하나님과 같은 편이 되어 당신 자신을 공격하라. 마음 내키는 대로 온갖 욕을 자기 자신에게 해도 좋다. 그래야만 겨우 사실에 접근할 것이다. 한때 내가 하나님 앞에서 어떻게 회개했는지를 기억해보면, 나 자신에 관한 몹시 어려운 일 몇 가지를 말씀드린 것 같다. 정중하지만 다소 과장해서 모든 죄를 진술한 것 같으며, 이것을 들으신 하나님이 보통 내가 겸손한 태도를 보일 때 친구들이 반응하듯이, "나는 네가 그 정도로 나쁘다고는 절대로 생각하지는 않는다"라고 말씀하실 것이라는 기대를 하고 있었던 것 같다.

그러나 그날 내가 회개의 자리에서 일어났을 때, 마치 하늘에서는 "아멘!"이라고, 다시 말하면 "그 말이 맞다!"라고 하시는 말씀을 분명히 들은 것 같다. 아마도 우리는 그동안 충분히 회개하지 않았을 것이고 우리의 회개는 더욱 깊이 들어가야만 할 것이다.

우리가 잘못했거나 속인 사람들에게 아주 분명하게 이런 고백을 해야 할 때가 있으며, 하나님은 우리를 인도하셔서 우리가 어떻게 그리고 언제 이런 고백을 해야 하는지를 알 수 있게 인도하실 것이다. 이런 고백을 하면 우리는 틀림없이 다른 사람들 앞에서 우리의 의, 즉 우리의 명성을 잃게 될 것이다. 틀림없이 그럴 것이다. 예수님은 우리 대신 십자가를 지셨을 때, 우리를 위하여 자신의 명성을 잃으셨는데, 예수님이 우리에게 죄를 깨닫게 하실 때 우리도 우리의 명성을 기꺼이 내던져야 하지 않을까? 물론 그렇게 하는 것은 진정한 죽음을 뜻하지만, 그리스도인의 삶에서 우리는 죽어야 산다. 이렇게 자아가 죽음을 통해 우리가 누리게 되는 삶, 즉 예수님의 삶은 참으로 얼마나 풍성한가! 아마 이 문제에서도 우리는 더욱 깊이 들어가야 할 것이며 우리 의의 마지막 한 조각까지도 버려야 할 것이다.

  그 다음 회개는 우리가 다른 사람들에게 끼친 손해를 반환하는, 즉 배상하는 행위로 나타나야 한다. 우리는 다만 다른 사람에게 용서를 구하는 것만으로 배상하려 할 때가 있다. 그러나 우리는 더 깊이 들어가야 한다. 도둑질한 것은 돌려주어야 하며, 다른 사람과의 잘못된 관계는 끝내야 하며, 잘못된 결정은 번복해야 하며, 잘못 시작한 경주는 취소해야 하며, 우리 삶에서 그리스도의 자리에 앉아있는 우상은 버려야 한다. 때로는 삭개오처럼 손해를 끼친 것을 후하게 배상해야 하는데, 삭개오는 사람들로부터 그가 빼앗은 것보다 더 많이 되돌려주었다.

  여기서 '반드시 해야 한다'든지 '해야 할 것이다'라는 말을 내가 사용했지만, 배상은 단지 법적 책임으로만 해결되어서는 안 되며, 예수님의 용서로 마음을 움직여서 부드럽게 해결되어야 한다. 이제는 회개하는 사람들을 사랑하시는 예수님의 사랑이 우리에게 있으며, 이 사랑은 '내가 해야 하는' 사랑보다 훨씬 더 큰 '내가 하고 싶은' 사랑이다.

예수님은 라오디게아 교회에 "그러므로 네가 열심을 내라 회개하라"(계 3:19)고 말씀하셨다. 우리가 열심을 내어 증거하고, 열심을 내어 기도하고, 열심을 내어 성경을 읽어야 한다고 이야기하는 우리 교사들의 말은 맞다. 그러나 이 구절에서 예수님은 "이 모든 것을 하기에 앞서, 열심을 내어 회개하라"고 우리에게 말씀하시는 것 같다. 예수님은 심지어 우리가 삭개오처럼 온 맘을 다하고 후하게 되갚는 그런 거창한 회개를 하기 원하신다.

지은 죄가 드러나게 되자 고백 외에는 거의 선택의 여지가 없을 때에 하는 것이 참된 고백이 아니라, 자발적으로 하는 것이 참된 고백이다. 여리고를 함락했을 때 금덩이와 겉옷을 취한 일과 관련해서 아간이 죄를 고백한 것은 이런 순서에 관한 실례였으며, 그는 용서받지 못했다(수 7장). 하나님은 제일 먼저 지파대로, 그 다음에는 족속대로, 그 다음에는 가족대로, 그 다음에는 각 남자 가운데서 죄인을 가려내시기까지 여러 차례 제비를 뽑게 하실 때마다 아간에게 몇

번이나 자발적으로 죄를 고백할 기회를 주셨다.

얼마나 극적인 이야기인가! 하나님은 애초에 죄인의 이름을 알려주셔서 여호수아가 곧바로 그의 장막에 가서 물건을 찾게하실 수 있었을 것이다. 그러나 하나님이 의도적으로 우회적인 방법을 사용하신 것은 아간에게 자발적으로 고백할 기회를 주심으로 그에게 긍휼을 베푸시기 위함이었다. 그러나 계속해서 제비를 뽑아 서서히 올가미가 그의 주변으로 좁혀들게 하셨지만, 아간은 끝내 그에게 제비가 떨어지지 않게 끝까지 잘 속여 위기를 모면할 길을 찾을 생각만 하였다. 마지막으로 가족 한 사람, 한 사람에게까지 범위가 좁혀지게 되었을 때, 이미 긍휼을 받기에는 시간이 너무 늦어 버렸다. 막상 일이 밝혀지자 아간은 죄를 고백하였지만 끝까지 목을 곧게 하고서 회개하지 않으려는 태도를 보였고, 하나님은 곧바로 그를 돌로 쳐죽이라고 명령하셨다.

이 일이 밝혀졌을 때 죄를 자백하는 것도 잘한 일이라고 생각하는 사람들이 있을 것이다. 그러나 일이 드러날 기회가 없는 한, 그들은 아무 말 없이 그런대로 안심하며 지냈을 것이다. 일이 밝혀지게 되어 어쩔 수 없이 죄를 고백한 것은 진정한 고백이 아니며 하나님의 용서를 받을 수 없다. 절대로 죄가 드러나지 않게 될지라도 죄를 고백하는 것은 하나님이 인간 문제에 간섭하시게 하는 것이며, 그런 고백은 오직 성령의 확신과 강권하심으로만 일어난다. 인간을 하나님과 화평한 관계로 인도하고 인간을 대신하여 하나님이 일하시게 하려면 '아간'이 죄를 고백한 것 이상의 고백이 필요하다. 그래도 때때로 삶에서 죄가 드러나는 경험은, 성령의 일하심을 통해 진정한 자기 판단을 얻게 하며 그것으로 말미암아 하나님께 나아갈 수 있게 한다.

이에 비추어 볼 때, 나단이 와서 죄를 들추기를 기다리지 말고 다윗이 죄를 고백했더라면 좋았을 것이라고 생각할 수 있다. 만일 고통 중에 있던 다윗이 먼저 선지자를 찾아가 솔직하게 모든 것을 털어놓고 기도해달라고 청했더라면 그것이 얼마나 하나님을 더 영광스럽게 했을까 생각할 수 있다.

이렇게 볼 때 다윗의 회개가 순수했는지를 의심하는 사람도 있을 것이다. 인간이 하나님과 화평을 누리려면 아간이 죄를 고백한 것 이상의 어떤 것이 필요하다고 앞서 말했는데, 다윗에게 이러한 '그 이상의 어떤 것'이 있었음이 분명하다. 그렇지 않다면 다윗은 절대로 그가 한 일에서 회복하게 하시는 하나님을 알지 못했을 것이다. 이 말을 하는 것은 다른 선택의 여지가 없을 때까지 고백을 미루는 거짓된 마음을 가진 사람과 그것 때문에 절망할 수도 있는 사람을 격려하기 위함이다. 다윗의 이야기가 심지어 그런 사람에게도 격려가 되는 이유는 다윗에게 있던 '그 이상의 어떤 것'이 우리의 회개에서 발견된다면, 우리 또한 틀림없이 긍휼히 여김을 받을 수 있을 것이기 때문이다. 다윗의 회개에는 틀림없이 지연된 고백 이상의 다른 요소들이 있었을 것이다.

첫째, 다윗은 나단의 항의를 환영했다. 그것은 환영을 넘어 마음을 놓게 하였다. 죄를 은폐한 일 년 동안 다윗은 자기가 끔찍한 죄를 지었음을 확신하고 마음이 몹시 괴로웠다. 그동안 겪은 고통을 다윗은 시편 32편에서 다음과 같이 고백한다.

내가 입을 열지 아니할 때에 종일 신음하므로 내 뼈가

쇠하였도다 주의 손이 주야로 나를 누르시오니 내 진액이 빠져서 여름 가뭄에 마름같이 되었나이다(시 32:3-4).

그러므로 나단이 찾아와 그를 비난했을 때 다윗이 마음을 놓으면서 비난을 환영한 이유는 이 비난으로 말미암아 그가 죄를 고백하고 짐을 덜 기회를 잡았기 때문이었다.

둘째, 아무런 변명도, 회피도, 자기 정당화도 없이 다윗은 즉시 "내가 여호와께 죄를 범하였노라"(삼하 12:13)고 고백하였다. 더욱이 다윗은 그가 기록한 두 편의 간증 시편을 통해 자발적으로 그가 어떤 사람인지를 알렸다(시 32: 51편). 그런 다음에 우리가 보았듯이 다윗은 또한 하나님이 그에게 내리시는 모든 징계에 완전히 복종하고자 했다.

다윗의 뒤늦은 고백에도, 이 모든 일은 그가 참으로 하나님 앞에서 깨졌음을 보여주었고, 따라서 그는 하나님의 은혜로 말미암은 회복이 무엇인지를 맛보았다. 우리의 회개와 고백이 오래 지체되었음을 인정해야 하지만 우리도 이런 회복을 맛볼 수 있다.

Forgotten Factors

11장
용서해야 한다

지금까지 우리는 주로 잘못을 저지르고 상처를 입힌 사람의 경우를 살펴보았으며, 그에게는 회개가 필요하다. 이번에는 받은 상처 때문에, 때로는 그 상처가 깊고도 오래갔기에 고통을 겪은 사람의 처지를 생각해보는 것은 어떨까? 잘못을 저지를 사람 편에서 회개해야 한다면 그 잘못으로 말미암아 상처를 입은 사람 편에서는 용서해야 한다. 용서하지 않으면, 그 사람은 자기 자신에게 더 심한 손상을 입히게 될 것이다.

"심령이 상하면 그것을 누가 일으키겠느냐"(잠 18:14)라는 말씀이 옳다면, 심령이 상하는 이유는 대체로 상처받은 사람이 그 상처를 준 사람을 용서하지 않으려고 늘 용서하지 못하는 영을 품고 있기 때문이다. 이 때문에 그 사람은 정신적으로 압도당하며 고통을 키운다. 심지어 죄를 고백한 다음에도 때때로 남편은 아내를, 아내는 남편을 용서하지 않으려고 계속해서 신랄한 말로 지난 일을 들추어내는데, 이것은 여전히 용서하지 못한 마음의 뿌리가 남아있음을 보여준다. 때로는 용서하지 못하기 때문에 상대방을 완전히 거부하며 함께 살기를 멈추기도 한다. 결혼생활에 끼어들어 가정을 파괴한 제3자에 대한 응어리가 있어 용서하지 못하는 경우도 흔하다. 이는 때로는 피해를 당한 남자나 여자가 원하기만 하면 그 제3자를 망가트릴 권리가 있다는 생각에 빠지거나 심지어 그런 계획을 세우고 있을 수도 있음을 뜻한다.

확언하건대 다른 사람의 중대한 잘못을 진정으로 용서하기란 어렵고도 희생이 클 수 있다. 왜냐하면 진정으로 용서한다는 것은 항상 그만큼의 손실을 보는 것에 동의한다는 뜻이기 때문이다. 우리가 여전히 우리의 권리와 피해의식에 잡혀있는 동안에는 용서할 수 없다. 예를 들어, 한 사람이 다른 사람의 빚 백만 원을 탕감해 준다면 그것은 그만큼의 손실과 손해를 입는 것에 그가 동의해야 한다는 뜻이다. 우리 스스로 손실을 겪는 것에 동의하지 않고서는 용서할 수 없다.

이것은 심지어 하나님도 마찬가지이다. 만일 하나님이 인간의 죄를 용서하려 하신다면 친히 이런 죄들로 말미암아 손실을 겪으실 것에 하나님이 동의하셔야 한다. 만일 하나님이 그 사람이 한 행동을 용서하셔야 한다면 하나님은 그 사람의 뜻대로 취급받으실 것에 동의하셔야 한다. 그리고 실제로 하나님이 자기 아들을 보내셔서 우리를 위해 십자가에서 죽게 하신 것은 하나님이 그 손실을 감당하시려는 목적에서였다. 그것이 바로 하나님이 우리를 풀어주시려고 감당하신 손실이다.

수 년 전에 동아프리카 부흥에 헌신한 리더 중 윌리엄 너겐더(William Nagenda)가 이야기한, 용서하지 않는 종의 비유가 생각난다. 왕이 몰락한 그의 종을 측은히 여겨 은 일만

달란트나 되는 엄청난 빚을 탕감해주고 그를 풀어주는 대목에서, 너겐더는 잠시 이야기를 중단했다. 그런 다음 그는 왕이 그 종을 풀어주려고 어떤 대가를 지불했는지, 상상으로 이야기를 이어나갔다. 다음날 왕실 문 앞에 가구 운반차가 와서 서더니 가구와 온갖 종류의 값비싼 보물을 싣고 곧바로 경매장으로 떠났다. 다시 얼마 후에 낡은 옷을 입고 평민 가정에 청소부로 일하러 가는 왕비의 모습이 보였다. 얼마 후에 더 많은 돈이 필요하여 다른 사람의 세탁물을 받아오는 왕비의 모습이 보였다. 이에 당황한 종이 어찌된 영문인지를 묻자 왕은 이렇게 말했다.

> 내가 네 빚을 탕감해주었기 때문이다. 빚을 탕감해 주려고 왕실 국고에 빚을 지자 당연히 그 사실이 드러나게 되었고, 그래서 지금 그 빚을 갚고 있는 것이다. 이것이 내가 부담해야 할 몫이다.

주 예수 그리스도도 이와 똑같다. 인간이 저지른 죗값이 너무나도 엄청났으므로 그것을 치르시느라 주님은 걸인이 되셔야 했다. "부요하신 이로서 너희를 위하여 가난하게 되심은"(고후 8:9)이라는 말씀이 있다. 우리를 용서하시려고 주께서 친히 엄청난 손실을 감당하고자 하셨으며, 그 외에 다른 길은 없었다.

그렇다. 예수님은 우리를 용서하시려고 희생을 치르셨으며 우리 또한 다른 사람을 용서하려면 희생해야 할 것이다. 이는 우리가 용서하려면, 자발적으로 손실을 겪어야 한다는 뜻이다. 만일 우리가 다른 사람이 우리에게 잘못한 모든 것을 용서해야 한다면 우리의 권리가 짓밟히고, 모욕을 당하고, 속는 등 이런저런 식으로 받는 부당한 취급도 불사해야 한다.

왕이 종을 풀어주었듯이 우리도 다른 사람을 기꺼이 풀어주어야 한다. 그러나 우리를 용서하시려고 예수님이 겪으신 그 막대한 손실에 비하면 우리가 입게 될 손실은 사소한 것에 지나지 않는다. 하지만 이렇게 용서하는 일에서 우리 안에 무언가 치밀어 오르는 것이 있다. "왜 우리가 이런 불의를 당해야 하는가? 왜 우리가 이런 식으로 취급받아야 하는가? 이건 불공평해." 그러나 이렇게 우리 안에 치미는 것은 다만 자아, 즉 예수님 앞에 우리의 권리와 영광을 포기하지 않으려는 자아이다. 이상하게 여길지 모르지만 이렇게 용서하지 않는 마음 뒤에 자리 잡고 있는 것은 교만이다. 우리에게 이런 일들이 일어나서는 안 된다고, 우리의 권리가 짓밟혀서는 안 된다고 말하는 우리는 대체 누구이기에 이렇게 용서하지 못하는가?

만일 하나님이 권리에 따라 우리를 다루시려 한다면, 우리 죄인들은 마지막 한 사람에 이르기까지 모두 지옥에서 끝을 맺게 될 것이다. 우리가 언제든 다른 사람을 용서해야 한다면, 그것은 오직 용서의 문제에서 자기의 권리와 이익을 완전히 포기함으로써만 가능하다. 그리고 우리는 하나님이 바로 그렇게 포기하심으로 말미암아 우리를 용서하셨다는 사실을 깨닫고, 그 사실에 도움을 받아 우리의 권리와 이익을 포기할 수 있게 될 것이다. 그렇다면 그분을 친구삼아 같은 길을 걸어가야 하지 않을까?

확실히 용서하지 못하는 것은 정말로 치명적이다. 예수님은 이렇게 말씀하셨다.

> 그러나 너희가 용서해주지 않으면 하늘에 계신 너희 아버지께서도 너희 잘못을 용서해주시지 않을 것이다(막 11:26, [현대인의 성경]).

신학적으로 논리정연한 이 말씀에 끌려 여기에 들어있는 엄중한 경고를 놓쳐서는 안 된다. 용서하지 않으려는 인간을 떨게 하고 그가 선 자리가 어떤 곳인지를 생각하게 하려는 것이 이 말씀을 주시는 의도이다.

상대방이 회개하고 고백하면, 더 용서하기가 쉽다. 그러나 우리 마음 깊은 곳에는 여전히 용서하지 못하는 마음의 뿌리가 조금 남아있어서 종종 이런저런 궁리를 하게 된다. "그 사람이 왜 그랬을까, 그 사람이 왜 나를 속였을까?" 용서의 문제에서 이런 모습은 정말로 예수님께 자아를 포기하지 못했음을 나타낸다. 그렇지만 죄를 씻어주시는 예수님이 그 상처에 다가와 치유하시게 하려면 진정으로 포기해야만 한다. 그리고 우리는 거기서 더 나아가야 한다. 우리는 이미 일어난 일을 하나님이 허락하신 일로, 다시 말하면 이 일로 말미암아 빚어진 상황에 직면해있는 모든 사람에게 새로운 교훈을 주시려는 하나님의 손에서 온 것으로 받아들여야 할 것이다. 그런 후에라야 비로소 우리는 함께 손잡고 한마음으로 하나님을 끊임없이 찬양할 수 있게 될 것이다. 그리고 이렇게 하나님이 치료하신 관계는 죄가 들어와 그처럼 심한 손상을 입히기 전보다 훨씬 더 튼튼하고 달콤한 관계가 될 것이다.

당연히 마음에 의문이 생기는 사람들이 있을 것이다. 만일 상대방이 회개하지 않으면 어떻게 할까? 그래도 내가 용서해야 할까? 그렇다. 오래 전에 심지어 우리가 죄를 회개하고 받아들이기도 전에 하나님이 그리스도를 위해 우리를 용서해주셨던 것처럼 우리도 다른 사람을 용서해야 한다. 당연히 우리가 회개하기 전까지는 하나님의 용서는 이루어지지 않았고, 그때까지는 단지 용서의 가능성만 있었다. 그러나 죗값이 치러졌고 그리스도 안에 계신 하나님은 우리를 죄에서 풀어주시려고 필요한 손실을 감당하셨으며, 그가 보이신 것은 죄인들을 비난하고 죄를 죄인에게 돌리시는 태도가 아니라 오히려 용서를 베푸시는 태도였다. 그렇다. 그것이 바로 아직 죄인인 그들이 회개하기도 전에, 그들이 아직 원수였을 때 보여주신 하나님의 태도였다. 믿기 어렵지만 이것이 진정으로 현재 하나님이 죄인들에게 나타내시는 태도라는 것을 다음의 성경말씀으로 증명할 수 있다.

> 하나님께서 그리스도 안에 계시사 세상을 자기와 화목하게 하시며 그들의 죄를 그들에게 돌리지 아니하시고(고후 5:19).

하나님이 죄인들을 비난하지 않으시고 그들을 죄에서 풀어주신 것이 아니라면 이 마지막 말씀의 뜻이 무엇이겠는가? 물론 인간이 끝까지 회개하지 않는다면, 책이 펼쳐졌을 때 거대한 흰 보좌에 앉으신 하나님은 정말로 인간에게 그들의 죄를 돌리실 것이며 결과적으로 그들은 하나님의 존전에서 영원히 추방될 것이다. 그러나 그날까지 하나님이 인간에게 그들의 죄를 돌리지 않으시는 이유는, 하나님이 이미 자기 아들의 몸으로 그들에 대한 손실을 친히 감당하셨기 때문이다. 인간을 감동하게 하여 회개에 이르게 하는 것은 성령에 따라 이 사실이 그들에게 새롭게 드러나게 하는 것 외에는 아무것도 없다.

이것이 바로 우리에게 잘못한 사람들을 대하는 우리의 태도여야 한다. 비록 그들이 회개할 때까지는 화해는 단지 가능성이 있을 뿐 실제로 이루어지지 않을지라도 이것이 그들을 용서하는 우리의 태도여야 한다. 그리고 우리가 그 사람들을 용서할 수 있는 것은 모두 용서의 문제에서 우리가 자아를 포기했기 때문이다. 비록 그들이 아직 회개하지 않았을지라도, 우리는 그들을 풀어주어 그들을 '책임에서 벗어나게' 하며, 용서의 문제에서 우리 개인의 권리를 하나님 앞에 포기해야 한다. 그러므로 하나님은 그들의 마음에서 자유롭게 일하심을 통해 그들의 감정을 누그러뜨리실 수 있다. 그러나 우리에게 여전히 그들을 향한 쓴 뿌리와 증오가 있다면 우리는 그들을 용서할 가능성조차 없으며, 그들은 이러한 우리의 태도 때문에 더욱 방어적이 되고 마음이 굳어버릴 것이다. 의심할 바 없이 용서는 큰 대가를 치러야 할 문제이며, 이 문제를 해결하기까지 한 번 이상 예수님의 십자가로 나가야 할 것이며, 이 문제는 반드시 해결되어야 할 것이다.

그러나 마음에 이보다 더 깊은 문제가 있는 사람들도 있을 것이다. 그들은 이렇게 말할 수 있을 것이다. 받은 상처는 오랫동안, 아마 평생 갈 것이다. 상처와 불의가 이렇게 오래가면 어떻게 내가 평강을 누릴 수 있단 말인가? 이 질문에 대한 유일한 해답은 바로 방금 우리가 언급한 내용에 있다. 이미 일어난 일을 사랑하는 하나님 아버지의 손에서 오는 것으로 받아들이고, 그것을 하나님이 우리에게 주신 명에로 알고 복종함에 그 해답이 있다.

그러나 당신은 이렇게 물을 것이다. 하나님이 친히 이미 일어난 일 안에 계실 수 있는가? 만일 우리 각 사람이 원 안에, 즉 우리가 하나님의 뜻이라고 부를 수 있는 원 안에 서

있음을 이해한다면, "그렇다"고 말할 수 있다고 생각한다. 따라서 처음에 그 원을 뚫고 들어오지 않는 한, 원 밖에서 나를 건드릴 수 있는 것은 없다. 문제가 되는 잘못이 상처를 주거나, 부당하거나, 냉담한 일일 수 있지만, 그 일이 어떻게 시작되었든 하나님의 뜻이라는 원을 통과하여 내게 도달할 무렵이면 그 잘못은 나를 위한 하나님의 뜻이 되고, 하나님의 지혜롭고 선한 목적을 위해 허용하신 일이 된다.

> 나는 서네 하나님의 뜻 안에.
> 하나님의 뜻인 그 원 안에.
> 다른 이유는 있을 수 없으리,
> 분명 모두 사랑스러운 하나님 손에서 오기에.

그러므로 상대방이 잘못한 것에 화가 나서 용서하려 하지 않는다면, 실제로는 하나님과 하나님의 뜻을 거역하고 있는 것이며, 다만 자기 자신을 더욱 비참하게 만드는 일을 성공적으로 하는 것이다. 이것은 이해하기 어려운 말이다. 누가 이 말을 이해할 수 있을까? 그러나 영혼이 하나님과의 평강과 화목을 이루려면 그 말을 들어야 하며, 그 뜻에 복종해야 한다. 그리고 우리가 하나님과 화목을 이루어야 하는 때가 바로 지금이어야 하는 것은, 너무나 자주 우리는 하나님과 하나님이 허락하신 것과 화목하지 못하기 때문이다. 실제로 우리는 하나님을 비난하고, 침통하게 울면서 하나님을 증오하기도 한다.

다음 말씀에 담긴 주님의 뜻을 생각해 보자.

> 나는 마음이 온유하고 겸손하니 나의 멍에를 메고 내게 배우라 그리하면 너희 마음이 쉼을 얻으리니 이는 내 멍에는 쉽고 내 짐은 가벼움이라(마 11:29-30).

멍에는 짐승의 목에 씌우려고 만든 것이다. 말씀에서 멍에는 하나님의 뜻을 나타내고 목은 인간의 뜻을 나타낸다. 그런데 인간의 뜻은 완고하다. 즉 성경에서 말씀하듯이 인간은 목이 곧으며(행 7:51) 그래서 하나님의 뜻을 나타내는 멍에는 당연히 목에 맞지 않는다. 우리가 멍에를 메려면 우리는 자진해서 곧은 목을 굽혀야 한다. 즉 복종해야 한다. 그래야만 우리 영혼이 안식을 찾는다. 우리가 이처럼 복종하기 힘들어하지만, 주님은 이것을 '나의 멍에', 즉 주님이 우리를 위해 메신 멍에라고 말씀하신다.

주님은 친히 자기 아버지 뜻에 기꺼이 복종하셨으며, 멍에를 메심으로 말미암아 온유하게 십자가에서 우리를 위해 고통당하셨다. 주님은 그분이 우리를 위해 몸소 하시지 않은 어떤 일을 하라고 우리에게 요구하시지 않는다. 그래도 우리가 여전히 주님의 뜻에 목을 굽히는 것을 어렵다고 여기지 않게 하시려고, 그것은 두 개의 멍에라고 주님은 말씀하신다. 주님이 멍에의 한 부분을 메시고 주님의 다른 한쪽에 우리가 메는 멍에가 있으며, 그것을 주님과 우리가 함께 멜 것이라고 말씀하신다. 틀림없이 그것이 바로 주님이 "나는 마음이 온유하고 겸손하니 나의 멍에를 메고 내게 배우라"는 말씀을 덧붙여서 말씀하신 이유일 것이다.

주님은 항상 아버지께 순종하셨던 분이며, 항상 마음이

온유하고 겸손하셨던 분이다. 우리가 얼마나 교만하고 완고한지를 주님께 인정하면서 주님과 즐겁게 동행하고자 한다면, 우리는 우리 곁에 계신 주님에 관해 배우게 될 것이며, 전에도 하셨고 지금도 하고 계신 주님의 순종을 배우게 될 것이다. 주님이 허락하신 것에 복종하여 우리가 목을 굽히면 주님의 마음은 우리에게로 움직일 것이며 우리에 대한 달콤한 사랑의 증거와 보상을 넘치도록 부어주실 것이다.

Forgotten Factors

12장
이혼 법정인가, 십자가인가?

　현재 이혼이 너무 쉽게 이루어지고 있으며, 사회적으로도 이혼을 상당히 용인하는 경향이 있으므로 부부관계가 별로 좋지 않을 때 확실하게 빠져나올 수 있는 출구로 이혼을 생각하는 사람들이 많다. 때로는 처음에 문제가 생길 기미가 보이면, 혹시 문제를 해결할 다른 길은 없는지 기다려보지 않고 두 사람은 각자 분연히 변호사를 찾아갔다가 그곳에서 이혼 법정으로 향하기도 한다.

　자녀의 행복 때문에 이혼할 생각을 잠시 접어보지만, 보통은 그것에 크게 좌우되지 않는다. 두 사람의 불화가 해결할 수 없을 정도로 너무 심해서 서로 헤어져서 새로운 짝을 찾으려는 부모의 욕망에 자녀를 위한 최선마저 희생되고 있음이 분명한 듯 하다. 이혼의 진정한 이유는 언제나 두 사람 사이에서 생기는 큰 문제에 있는 것이 아니라, 단순히 연속적으로 생기는 아주 사소한 문제에 부딪혀 상대방에게 선뜻 양보하지 않으려 하는 데에 있다. 더 심각한 것은 두 사람 중 한 사람은 "미안하다"는 말을 하지 않으며 정말로 미안해 하지 않는다는 사실이다. 아무것도 아닌 "미안하다"는 말을 하지 않아서 깨진 결혼이 수없이 많으며, 그런 가정의 자녀는 끝없는 고통과 헤아릴 수 없는 손상을 겪는다. 이혼은 문제를 해결하기보다 항상 더 많은 문제를 만들어낸다.

이 모든 일에서 가장 충격적인 것은 아마도 영원한 결혼 서약에 관련된 이런 무책임한 행동이 그리스도인임을 자처하는 사람들에게도 어느 정도 퍼졌을 것이라는 사실이다. 그리스도의 이름을 수치스럽게 하는 것은 부끄러운 일이며, 진정으로 이혼이 문제를 해결하는 수단이라고 생각하여 간단하게 별거를 단행해버리는 사람들의 미성숙함과 단순성은 놀라울 정도이다. 인간과 인간을, 남편과 아내를 화목하게 하는 하나님의 옛 방법인 우리 주 예수 그리스도의 십자가가 가까이에 있는데도, 이런 사태가 발생하는 것은 더 큰 슬픔을 자아낸다. 예수님이 십자가에서 제공하시는 결혼상담 서비스보다 더 효과적인 것은 절대 없었다. 안타깝게도 예수님의 십자가로 나아가는 사람은 거의 없는 듯하다. 자기를 낮춰 예수님의 십자가로 나가기보다 이혼 법정으로 가는 것이 더 쉬운 선택인 것처럼 보이기 때문일 것이다. 이처럼 십자가는 가정을 치료하고 결혼을 회복시키는 일에서 간과된 요소가 되었다.

이제 이해해야 할 것은 아무리 서로 사랑하고 하나님께 헌신적인 것처럼 보이는 부부라도 의견차이가 없다거나 뜻이 어긋나지 않는 부부는 없다는 사실이다. 주님은 이런 일로 놀라시거나 충격을 받지 않으신다. 이런 상황이 생길 때 그들이 가야할 곳은 이혼법정이 아니라 (그럴 가능성이 있어서도 안 된다) 사랑하는 하나님의 아들의 십자가여야 한다는 것이 주님의 진정한 뜻이다. 십자가는 마음의 벽을 사람이 생각하는 것보다 쉽게 무너지게 하며 갈라진 마음이 다시 하나가 되게 하는 곳이다. 일생에 한 번이 아니라 필요할 때마다 언제든 거듭해서 십자가로 가야 한다는 것이 주님의 뜻이다. 만일 주변에 주님 안에서 아름답게 연합하는 이 비밀을 알고 있는 부부가 있다면 그들이 겪은 일을 물어보라. 확신하건대 그들은 이렇게 대답할 것이다.

> 우리의 연합과 사랑말입니까? 우리가 잘해서가 아닙니다. 우리 뜻대로 했다면 우리 사이는 멀어졌을 것입니다. 우리가 이렇게 연합하고 사랑할 수 있는 것은 예수님의 십자가 덕분입니다. 예수님의 피에 죄를 씻고 사랑을 회복하는 능력이 있기 때문입니다.

그렇다면 예수님의 십자가는 인간이 하나님과 화목을 이루는 수단일 뿐 아니라, 인간이 그의 이웃과 화목을 이루는 수단이기도 하다. 인간과 하나님 사이에 죄로 말미암아 담이 쌓이고, 인간과 인간, 남편과 아내 사이에도 죄로 말미암아 담이 쌓인다. 그리고 인간과 인간을 화목하게 하는 십자가의 방법은 인간과 하나님을 화목하게 하는 십자가의 방법과 별로 다르지 않다.

그렇다면 십자가는 어떻게 인간을 하나님과 화목하게 할 수 있을까? 오랜 시간 동안 하나님은 인간을 낮추시어 죄에 대한 책임을 인정하게 하려 하셨는데, 이것은 인간을 용서하시고 그들을 자기에게 돌아오게 하시려는 의도에서였다. 하나님은 이런 의도로 인류에게 수없이 엄중한 징계를 내리셨으나 모두 소용없는 일이었다. 그들은 끈질기게 깨지려고 하지 않았으며 잘못을 책임지고 주께 돌아오려 하지 않았다. 마침내 하나님은 다음과 같이 말씀하시게 되었을 것이다.

> 인간이 깨지려 하지 않는다면 내가 깨지리라. 인간이 책임을 지려 하지 않는다면, 내가 책임을 지리라.

이것이 바로 십자가에서 일어난 일이다. 책임을 지신 것은 그리스도로 오신 하나님이셨으며, 우리를 위해 불의하게 되신 것은 의로우신 하나님이셨다. 십자가 사건은 인간을 하나님께 돌아오게 하려는 하나님의 전략이었다. 그리고 십자가 아닌 다른 어떤 방법으로도 인간을 하나님께 돌아오게 할 수는 없었다. 왜냐하면 인간이 깨지고, 녹고, 완전하게 되는 것은 그들이 진정한 십자가의 모습을, 즉 그들이 져야 할 책임을 대신 지시는 하나님의 모습을 보기 때문이다. 그때 비로소 인간은 이렇게 외친다.

> 오 나의 하나님, 그곳은 제가 있어야 할 자리입니다. 잘못을 저지른 것은 하나님이 아닌 바로 저입니다! 책임은 제게 있으며 하나님께는 사랑이 있을 뿐입니다!

그러면 즉시 둘 사이에 화해가 이루어지게 되어 인간은 복종하고 하나님은 용서하신다. 하나님이 깨지심으로 말미암아 피조물이 깨진 순간이 아닌가!

대체로 똑같은 방법으로 예수님의 십자가는 인간과 그 이웃을 화목하게 하는데, 여기서는 특별히 남편과 아내의 화해를 생각해 보겠다. 부부의 문제는 그것이 어떻게 시작되든 곧바로 단 하나의 요소인 누구 잘못인가의 문제로 축소된다. 아내는 남편을 지적하여 "잘못한 건 바로 당신이에요!"라고 말하고 남편은 아내를 지적하여 "아니, 당신이 틀렸어!"라고 말한다. 이러한 상호 비난은 그들 사이에 긴장을 조성하고 다정한 대화를 사라지게 할 뿐이다. 왜냐하면 어느 쪽도 깨지려 하지 않으며, 견딜 수 없는 상황이 되기 때문이다.

다음 단계로 둘 중 한 사람이 변호사를 찾아갈 생각을 할 수도 있다. 그러나 여기서 마침내 둘 중 한 사람이 예수님의 십자가를 새롭게 보는 일이 일어난다고 생각해 보자. 그 일이 어떻게 일어나는지 우리는 모르지만, 하나님은 너무나 여러 방법을 사용하신다. 자기가 옳다고 주장하던 그 사람 눈에 들어온 것은, 영원토록 전적으로 올바르신 분이 전적으로 잘못한 인간이 되셔서 마치 그분이 죄인인 것처럼 죄인들 사이에서(예수님 양옆에 죄인이 있었다) 죽어가는 모습이었다. 그 사람은 즉시 할 말을 잃고 마침내 복종하게 된다.

십자가 아래서 자기가 옳다고 주장하기란 매우 어려운 일이다. 우리는 우리가 옳다고 말하지만, 그분이 전적으로 옳으셨던 것처럼 우리도 그렇게 전적으로 옳을까? 아마 처음에는 다른 사람이 잘못했을 수도 있지만, 그 잘못에 대한 우리의 반응이 전적으로 잘못되지 않았을까? 분노, 쓴 뿌리, 말, 증오, 그런 것들은 잘못이 아니었을까? 이렇게 볼 때 우리는 전적으로 우리가 옳다고 말할 수 없다. 우리는 옳은 것과는 거리가 멀다. 그럼에도 전적으로 옳은 존재인 그분은 우리를 죄에서 구원하시려고 전적으로 옳지 못한 자의 자리에 오셨다. 그렇다면 우리 또한 잘못된 사람의 자리에 서서 잘못을 고백하는 것이 어떨까? 그리고 이것이 바로 십자가를 새롭게 바라보게 된 사람이 시작해야 할 일이다. 우리가 깨어짐이라고 말하는 것이 바로 이것이다.

그러나 그 다음에 일어나는 일에 주목하라. 그 사람이 상대방에게 간다. 그런데 비난하러 가는 것이 아니라 오히려 자기를 비난하면서 상대방에게 그의 죄와 행동을 용서해줄 것을 청하러 간다. 결과적으로 이런 행동은 너무나도 상대방의 마음을 감동하게 해서 그 사람 또한 옳지 않다고 생각한 것을 회개하게 된다. 얼마 지나지 않아 우리 눈에 들어오는 것은, 전에는 서로 비난하던 그들이 서로 용서하며 예수님의 십자가 앞에서 화해하는 아름다운 모습이다. 그리고 오래 전에 창문 밖으로 흘러나간 서로에 대한 사랑이 돌아오기 시작하는데, 그것도 아주 넘칠 정도로 돌아오기 시작한다. 십자가에서 나타난 하나님의 깨짐이 피조물의 깨짐을 유발하듯이 십자가 앞에 나온 한 피조물의 깨짐이 상대방의 깨짐을 유발함으로 말미암아 그 사람 또한 십자가 앞에 나오며, 거기서 그들은 다시 하나가 된다.

적어도 당장은 일이 항상 이런 식으로 전개되지는 않을 것이다. 이것은 상대방을 회개하게 하려는 전략이 아니다. 하나님은 절대로 인간의 자유 의지를 침해하지 않으시며, 상대방은 겸손에 처하려 하지 않을 수도 있다. 성령만이 그 사람을 감동하게 하고 설득하여 고개를 숙이게 할 수 있다. 그러나 성령은 그 무엇보다 당신의 깨짐을 사용할 가능성이 크다. 자, 당신은 이제 더는 상대방의 죄를 지적하지 않고 오직 당신 자신의 죄를 고백하게 되었으며, 어느 정도 긴장

감도 완화되었음이 분명하다. 전에 상대방을 반발하게 했던 것도 이제 더는 당신에게서 볼 수 없게 되었으며, 그것으로 하나님은 그 마음에서도 일할 기회를 잡으신다. 그러니 상대방이 십자가로 나올 것을 기다리지 말고 당신이 먼저 십자가로 나오라! 그리고 비록 상대방이 그 자리에 금방 나아오지 않을지라도, 당신은 그 문제에서 죄 씻음을 받았다는 것과 하나님과 화평을 누리게 되었다는 기쁨을 맛보게 될 것이다. 그러나 우리가 거듭해서 발견하는 것은 두 사람과 자녀의 마음에서 예수님의 십자가가 진정으로 승리하는 모습이며, 놀랍게 회복된 또 하나의 가정을 크게 찬양하는 찬송을 하나님께 올려드리는 모습이다.

여기서 두 이야기를 실례로 들겠다. 첫번째 이야기는 십자가로 나아가는 길이 열려있을 때, 이혼 법정으로 가는 것이 얼마나 불필요한지를 설명한다. 내가 아는 어느 그리스도인 사역자는 적극적인 사람으로서 최근에 이혼한 그리스도인을 아내로 맞아 결혼했다. 이혼한 그녀의 전남편 또한 그리스도인이며 이어서 그도 재혼했다고 한다. 이혼하는 그리스도인들의 상황은 얼마나 엉망인지! 여기에는 이혼한 사람들의 재혼할 권리와 재혼의 옳고 그름의 문제가 있으나, 내가 전달하려는 이야기에서 다소 벗어나기 때문에 지금은 그냥 넘어가겠다.

이상하게 생각할지 모르지만, 결혼하기 전까지는 이 적극적인 그리스도인 남자가 그녀의 첫 결혼의 문제점이 무엇인지를 절대로 캐묻지 않았다고 한다. 그러다가 아내가 속을 털어놓게 되자, 그는 그녀가 회개해야 한다고 충고했다. 그러자 그녀는 자기의 태도가 잘못이었다는 확신이 들었으며 회개하기에 이르렀다. 얼마 후 그녀는 전남편에게 용서를 구하는 편지를 써야겠다고 느꼈다. 몇 달 동안 소식이 없다가 마침내 답장이 왔는데, 그 또한 잘못했음을 깨달았다는 것과 그의 잘못을 용서해 줄 수 있는지를 묻는 내용이 적혀 있었다. 그들이 십자가 앞에 나갔더라면 절대로 이혼할 필요도 없고, 이혼의 수치를 겪을 필요도 없고, 복잡한 재혼의 과정(정말로 복잡했다)도 피할 수 있었을 것이라는 사실이 이해가 될 것이다. 그러나 슬프게도 그 모든 것 대신에 그들이 택한 것은 이혼법정이었다.

두번째 이야기는 이혼 문제에서 영광스러운 십자가의 승리를 긍정적으로 설명한다. 영국 방문 길에 나는 한 캐나다 사람이 인도하는 집회에 참석한 적이 있는데, 그때 그는 그가 사는 지역의 부흥을 이야기하였다. 이야기를 끝낸 그는 혹시 그가 전한 메시지와 관련해서 이야기할 것이 있는지를 물었다. 그때 한 낯선 여자가 단상으로 걸어 올라갔다. 그녀는 영국을 방문 중인 캐나다 사람이라고 자기소개를 한 다음, 그 모임의 연사가 캐나다 사람이라는 광고를 보고 동포의 말을 들으러 왔다고 하였다. 그녀의 말에 의하면, 그리스도인임을 자처하면서도 그녀는 남편과 힘든 시간을 보냈고, 마침내 갈라서기로 했다고 말했다. 집을 떠나 대학에 다니던 아들도 그가 돌아갈 가정이 있을 것이라는 기대를 거의 하지 않았다. 부부는 이혼 수속을 위한 서류에 서명하기로 하고 그 날짜를 잡았다.

그런데 서류에 서명하려던 바로 전날, 그들이 출석하는 교회에서 외부 설교자를 초청하여 부흥회를 열고 있었는데 거기서 특별한 일이 일어나고 있다는 소문을 들었다. 그들은 집회에 참석하기로 했으며 그날 밤 그들은 예수님을 대면하여 예수님이 조명하시는 중에 각자 그들의 죄를 보게 되었다. 마침내 예수님의 십자가로 나아가 하나님과 더불어 아름다운 평강과 화목을 이루게 되었다. 이 소식은 곧바로 아들에게 전달되었다. "마침내 네가 돌아올 집이 생겼다. 이제 우리 둘 다 주님을 사랑한다!"

그런데 그것으로 충분하지 않다는 듯이, 깨질 위기에 있었던 그들의 가정이 이제는 일주일에 한 번, 삼십 명 정도의 사람들이 모여 주님을 만난 경험을 나누는 교제의 장소가 되었다고 말했다. 이혼 법정으로 가는 대신 십자가로 나아가 이처럼 행복하고 영광스러운 결과에 이르게 된 그 부부 이야기는 비록 연습 없이 전달되었지만, 청중의 마음을 사로잡았다.

이렇게 일하시는 주님을 묵상할 때, 당연히 우리는 이렇게 노래하게 될 것이다.

만입이 내게 있으면

그 입 다 가지고

내 구주 주신 은총을

늘 찬송하겠네.

13장
죄가 너희를 주장하지 못하리니(롬 6:14)

성은 그것이 어떤 형태로 나타나든 그리고 남자든 여자든, 비그리스도인이든 그리스도인이든 모든 사람에게 전쟁임을 잊지 말아야 한다. 하나님이 인간에게 주신 가장 아름다운 선물인 동시에 인간에게 가장 큰 행복의 원천 중 하나인 성은 인간이 악과 싸우는 가장 치열한 전쟁터가 되었다. 아마도 이는 인간의 모든 기능이 타락의 영향을 받았다는 사실에 비추어, 다른 어느 기능보다 성본능이 더 부패했기 때문일 것이다. 이는 우리 본성의 에로틱한 면이 선한 연상보다 악한 연상에 더 쉽게 반응한다는 사실에서 드러난다.

예를 들어, 신문에서 성적으로 부정한 사건을 다룬 기사를 읽을 때 우리 안에 무언가 나쁜 것을 유발하는 경향이 있지만, 다른 사람의 행복한 결혼생활을 다룬 기사를 읽을 때는 그렇지 않다. 이렇듯 올바른 성보다 잘못된 성에 사람들이 훨씬 더 관심을 쏟음은 부인할 수 없는 사실이다. 그리고 우리가 얼마나 오랫동안 주님을 알았는가와 상관없이 심지어 그리스도인인 우리에게도 성은 싸움이다. 그리고 성에서 승리하는 하나님의 방법을 알지 못한다면 어디에서도 우리는 그 방법을 알 수 없다. 대체로 우리 일반적인 그리스도인들의 삶의 수준은 우리의 성생활의 수준보다 높지 않을 것이기 때문이다.

심지어 겉으로 드러나는 행위가 없어도, 그리스도인에게 부정한 생각, 부정한 욕구 그리고 개인의 부정한 행실과 관련된 싸움은 계속해서 일어난다. 또한 기도하지만, 안타깝게도 그런 문제에서 실제로 항상 승리하는 것은 아니다. 이 사실은 다음 두 가지 견해에서 볼 때 대단히 위험하다. 그리스도인으로서 이른바 "승리를 얻을 수 없다면 도대체 그리스도인이 되는 것이 무슨 소용이 있단 말인가?"라고 그 사람은 말할 것이며, 아마 완전히 포기하고 세상으로 돌아가고 싶어할 것이다. 이전의 나쁜 행실로 돌아가면서, 세상이 너무 매력적이어서가 아니라 '그리스도인의 성공적인 삶'을 살 수 없어서 포기하는 것이라고, 자기 자신을 합리화할 수도 있을 것이다. 한편 그는 최선이 아닌 것에 안주하여 이런 것들을 합리화할 것이다.

예를 들어, 그는 자위하는 것은 정상이며 모든 사람, 심지어 그리스도인도 자위를 한다고 말하면서 더는 그것을 죄라고 부르지 않게 될 것이다. 그의 말처럼 만일 모두가 자위를 하며 심지어 실제로 그리스도인도 자위를 한다면 우리 교회가 부흥이 안 되는 이유를 더는 찾을 필요가 없다. 사람들은 모두 연극을 하고 있으며, 모두 죄를 감추고 있는 것이다.

그러나 은혜 아래서는 이렇게 합리화하는 것 어느 하나도 선택할 필요가 없다. 절망하고 포기할 필요도 없고, 죄를 숨기고 위선자 놀이를 할 필요도 없다. 내가 "은혜 아래"라고 말한 것은, 이번 장의 제목인 "죄가 너희를 주장하지 못하리니"라는 중요한 말씀에 이어 "이는 너희가 법 아래에 있지 아니하고 은혜 아래에 있음이라"(롬 6:14)는 말씀이 나오기 때문이다. 우리를 주장하지 못하는 죄를 경험하려 한다면, 우리는 율법 아래 살지 않고 은혜 아래 사는 것이 정말로 무엇인지를 알아야 할 것이다.

그러나 제일 먼저 우리가 이해해야 하는 것은 죄가 우리를 지배하지 못한다는 말의 참뜻이다. 우리가 고통을 당하는 이유는 부분적으로 죄가 무엇인지를 잘못 인식함에 있다. 내 경우는 틀림없이 그랬다. 전에는 내가 더는 죄의 문제가 없는 경지에 이르게 될 것이며, 죄의 유혹에 무감각한 경지에 이르게 될 것임을 약속받았다는 생각을 하곤 했었다. 그러나 나는 결코 이런 경지에 이르렀다고 단언할 수 없었다. 그래서 성경공부 시간에 불러야 했던 노랫말과 그것으로 만든 합창곡을 싫어하게 되었다.

>죄가 너희를 주장하지 못하리.
>
>아 얼마나 영광스럽고도 참된 말씀인가.

내가 이 노래를 싫어한 이유는 내 경험으로는, 단지 성 문제에서뿐 아니라 대체로 그리스도인의 삶에서 이 내용이 맞아 들어가지 않는 것처럼 보였기 때문이었다. 앞서 말했듯이, 내가 괴로웠던 이유는 부분적으로 무엇이 문제인지를 진정으로 이해하지 못했기 때문이었으며, 그것은 결국 나를 주장하는 죄가 정말로 무엇이었는지 그 개념을 잘못 이해했기 때문이었다.

나중에 내가 알게 된 것은, 죄의 지배란 먼저 나를 유혹하여 마음을 빼앗고 나를 굴복시켜 내 편에서 끊임없는 반복을 통해 그것이 습관이 되게 하는 죄의 능력이 아니라, 오히려 죄의 지배는 항상 죄의 흔적으로 남는 죄책감에 존재한다는 사실이었다. 내가 말하는 죄책감이란 단지 하나님의 책에서 우리가 거리낌을 갖는 객관적인 것이 아니라 주관적이고 내적인 것, 말하자면 그 특성이 무엇이든 죄를 범한 후 항상 뒤에 남는 수치와 비난을 뜻한다. 시간이 흘러도 이러한 죄책감은 없어지지 않는데, 이는 마치 커피를 마신 다음 며칠 동안 잔을 씻지 않고 그냥 두는 것이 그 안의 찌

꺼기를 없애는 것과 아무런 관계가 없는 것과 같다. 이렇게 시간이 지남으로써 우리는 생각보다 훨씬 더 큰 힘을 죄에 싣게 된다.

다시 말하면 우리가 죄를 짓고 나서 한참이 지난 후에도 죄는 계속해서 우리를 비난하고 또 비난한다. 이런 때 발각될까 두려워 비밀에 부치려는 것이 고작 우리가 할 수 있는 일이지만, 심각한 내면의 문제들이 계속됨으로써 더욱 죄를 짓기에 이른다. 이것이 바로 죄의 지배를 받는다는 말의 진정한 뜻이다.

우리가 부르는 찬송가를 통해서도, 우리 그리스도인들은 죄책감과 죄의 능력은 별개의 것임을 믿도록 가르침을 받아왔다. 토플레디(Toplady)의 위대한 찬송가 "만세 반석 열리니"(Rock of Ages)에서 "죄책감과 죄의 권능에서 나를 구하소서"라는 노랫말이 있다. 처음에 우리가 예수 그리스도를 우리의 구원자로 영접했을 때 죄는 없어지지만, 매일 유혹하는 죄의 권능으로부터 자유롭게 되는 것은 전적으로 다른 문제라는 것, 이것이 우리가 대체로 이해하고 있었던 사실이다. 그리고 그 목적을 이루려면 또 다른 축복, 즉 두 번째 축복이 필요하다고 이해했다. 틀림없이 나도 그렇게 알고 있었으나, 이제는 죄책감과 죄의 권능은 별개의 두 가지가 아니라 나를 정죄하는 죄의 권능이 죄책감 안에 있다는 것을 알게 되었다.

이는 어떤 사람이 수 년 전에 죄를 지은 이후로 다시는 죄를 짓지 않았지만, 그 죄가 여전히 그를 정죄하고 있다면, 오늘날까지 그는 죄의 지배 아래에 있을 가능성이 있음을 뜻한다. 의식적이든 무의식적이든 죄책감의 후유증은 여전히 그의 마음에 남아있다. 물론 이런 상태에서는 그 사람과 하나님의 관계는 분명하지 않으며, 믿는 자들에게 약속된 평강과 기쁨도 그에게는 없다. 더욱이, 그는 그 영향으로 이웃과의 관계에서도 내성적이 되어 감히 입을 열 엄두를 내지 못하기 때문에 소통할 수 없게 된다.

이러한 영적 죽음의 상태에서 마땅히 우리가 모두 돌아가야 할 곳은 이 구절에서 바울이 '법'이라 부르는 것이다. 내 말은 우리 자신을 위해 우리가 더 높은 기준을 수용하여 더 잘하려고 노력해야 한다는 뜻이다. 우리가 더욱 영적이 될 것을 결단하고 더욱 양심적으로 종교적인 임무에 몰두하고자 하는 소망을 가져야 하며, 하나님과의 관계와 이웃과의 관계에서 이 일로 말미암아 꼭 필요한 변화가 있게 될 것임을 바라면서 이 모든 일을 해야 한다는 뜻이다. 그러나 그렇게 되지 않는 이유는, 새로운 목표가 훌륭하다 할지라도 결코 우리는 그 목표를 이루지 못했거나 더 영적인 사람이 되지 못했기 때문이다.

그리고 그런 실패를 통해서 우리의 정죄감만 쌓이게 되어 우리의 상황은 나아지지 않고 오히려 더 나빠진다. 이것이 바로 바울이 다른 곳에서 말씀하는 "죄의 권능은 율법이라"(고전 15:56)는 구절의 뜻이다. 당신은 여기서 바울이 "죄의 권능은 유혹이나 경건의 권능은 율법이라"고 말했어야 하지 않을까 생각할 것이다. 그러나 아니다. 죄의 권능은 율법이다. 왜냐하면 그처럼 성취할 수 없는 이상적인 하나님의 율법은 더 많은 죄로 우리를 정죄할 뿐이기 때문이다. 만일 우리가 희망에 부풀어 그런 높은 기준들을 수용하지 않았더라면 그렇게 정죄받는 느낌은 들지 않았을 것이다. 만일 죄가 우리를 지배하는 것이 우리를 정죄하는 죄의 권능이라면, 하나님의 거룩한 율법은 오직 그 권능을 더할 뿐이다.

이러한 절망스러운 상태에서 우리는 더 많은 죄를 지을 수밖에 없다. 우리의 영적 상태가 너무나 무감각하고 불만족스러우므로 죄를 더 짓는다고 해서 상황이 별로 더 악화되지는 않을 것이라고 우리는 생각한다. 그렇다면 죄를 더 짓는들 어떠하랴? 주일 아침에 식탁 위에 깨끗한 식탁보가 덮여 있으면 가족들은 모두 그 위에 아무것도 쏟지 않으려고 무척 조심한다. 삼 일 후에 식탁보에 얼룩이 많아지면 얼룩을 더 만드는 것을 아무도 더는 상관하지 않는다. 아예 얼룩은 전체 문양의 부분이 되어버린다. 이런 상황에서 우리가 바랄 수 있는 최상은 더 흉한 얼룩을 부분적으로 감추는 것이다. 그러나 죄를 숨기려는 기간이 길어질수록 죄는 더 오래 우리를 정죄하며, 우리는 더욱 죄의 지배를 받는다.

이 모든 일에서 우리를 자극하여 죄를 짓게 하는 사탄의 진정한 목적은 단지 우리가 윤리에 어긋난 일을 하게 하려는 데에 있지 않다. 이런 일을 했을 때 우리를 참소할(요한계시록 12장에 의하면 사탄은 형제를 참소하는 자이다) 기회를 잡아서 이 상태에서 우리가 그리스도인으로서 증거하는 일과 섬기는 일에서 힘을 잃게 하려는 데에 있음이 분명하다.

부정한 행동을 한 그리스도인은 다음날 스스로 개 같은 존재라는 느낌이 들 것이다. 그는 하나님이나 교우를 똑바로 바라보고 싶지 않을 것이며, 영적인 섬김의 자리에서는 차라리 달아나 숨는 것이 낫다고 생각할 것이다. 이것이 바로 그리스도인을 자극하여 죄를 짓게 했을 때 마귀가 의도한 결과이다. 마귀는 이런 죄가 더 심각한 죄로 발전하기를 바라며, 결국 이로 말미암아 그에게 참소할 기회가 더 많이 생기기를 바라며, 이런 식으로 죄가 지속하기를 바란다. 죄가 한 문제라면 이 죄를 바탕으로 마귀가 쌓아올리는 죄책감의 상부구조는 별개의 문제이며, 때로는 이 상부구조가 원죄보다 훨씬 더 심각하다.

그러므로 죄의 지배의 진정한 특성을 이해하고 여기서 마귀의 의도가 무엇인지를 아는 것은 자유함으로 들어가는 첫

걸음이다.

우리는 이제 은혜의 메시지를 들을 준비가 되었다. 하나님의 은혜는 아무것도 받을 자격이 없으며 아무것도 할 수 없는 사람들을 위해 일하시는 하나님의 사랑이다. 분명히 우리는 율법으로 말미암아 은혜의 자리에 이르렀으며 이로 말미암아 우리는 실제로 은혜를 받을 자격이 있는 사람들이 되었다. 이런 사람들을 위해 하나님이 은혜로 행하신 최고의 일은 그들에게 구원자를 주신 일이다. 이 일을 이렇게 노래하는 합창곡이 있다.

> 나를 구하실 분을 아무도 찾을 수 없을 때,
> 예수님이 오셨으니 찬송하라. 그 이름을!

사도 요한은 더 아름답게 말씀한다.

> 사랑은 여기 있으니 우리가 하나님을 사랑한 것이 아니요 하나님이 우리를 사랑하사 우리 죄를 속하기 위하여 화목

제물로 그 아들을 보내셨음이라(요일 4:10).

갈보리가 우리에게 보여주는 것은 우리를 있는 모습 그대로, 아무런 조건 없이 절대적으로 사랑하신 하나님의 사랑이다. 그곳에서 예수님은 죄 때문이 아니라, 죄를 향하여 죽으셨다. 그것을 로마서에서 "그가 죽으심은 죄에 대하여 단번에 죽으심이요"(롬 6:10)라고 표현한다. 그 말씀은 무엇을 뜻할까? 그것은 그리스도가 죄의 유혹에 죽으셨다는 뜻이 아니라(그분은 죄의 유혹에 대하여 사신 적이 아예 없다), 그리스도가 자기 피로 우리 죗값을 치르심으로써 이제는 그를 정죄할 죄의 능력에 죽으셨으므로 하나님이 죽은 자 가운데서 그를 살리셨다는 뜻이다.

그러나 십자가에서 죄가 우리의 대리자를 정죄할 권능을 잃었다면, 그것은 또한 그분이 대리자가 되어주신 모든 사람을 정죄할 권능을 죄가 잃었다는 것이기도 하다. 만일 그들 각 사람이 이제 십자가 앞에 돌아가 죄를 고백한다면, 이 사실 덕분에 그들은 모두 그들이 지은 죄짐을 벗고 자유를 누리기 시작할 것이다. 율법은 우리가 온 힘을 다할 것을 요구하는 반면(우리가 본 것처럼 결실 없이 더욱 정죄하면서), 은혜는 우리를 위해 모든 일을 하신 그리스도를 주목하게 하고 이제는 죄를 정죄할 죄의 권능에 대하여 우리가 그리스도와 함께 죽었음을 생각할 것을 명령한다.

초심자들을 제외하고는 듣는 사람에 따라서 "십자가로 돌아가다"라는 표현이 별 뜻이 없는 종교적인 상투어처럼 들릴 수 있을 것이다. 그러나 장담하지만 막상 경험하게 되면 이 표현은 상투어가 아닌 매우 심오하고 겸손하게 하는 말이다. 십자가로 돌아가는 것은 하나님 앞에서 스스로 죄인임을 고백하는 자리로 돌아감을 뜻하며, 용서와 회복을 넘치게 공급받는 장소로 돌아감을 뜻한다. 만일 그 자리로 돌아가기까지 시간이 오래 걸린다면 우리는 오랫동안 죄의 지배를 받게 될 것이다. 그러나 우리가 스스로 겸비하여 모든 죄를 고백하면, 그 순간 우리는 용서를 받고, 죄 씻음을 받고, 죄책감에서 해방되어 곧바로 하나님과 올바른 관계가 되었음을 선포할 수 있는데 이는 모두 하나님 보시기에

변함없는 예수님의 귀중한 보혈 덕분이다. 사탄이 상부구조를 구축한 죄책감의 토대를 하나님이 친히 제거하시며, 상부구조 그 자체가 허물어지고 그 안에 갇혔던 사람은 자유로워진다.

이것이 우리가 "죄가 너희를 주장하지 못하리니"라는 위대한 말씀의 뜻을 해석하는 방법이다. 로마서에 기록된 "죄에 대하여 죽은"(롬 6:18, 22), "우리가 죄에게 종노릇하지 아니하려 함이니"(롬 6:2)라는 중요한 문구 또한 이런 뜻으로 해석해야 한다. 이는 죄의 유혹에 대하여 자유롭게 되었다거나 죽었다는 것이 아니라, 우리를 정죄할 죄의 권능에 대하여 죽었다거나 자유롭게 되었다는 의미에서 죄에 대하여 자유롭게 되고 죽었다는 것이다. 그러므로 이미 우리가 지적했듯이, 이것은 죄책감의 지배를 받는 모든 악의적인 결과에서 해방되었다는 것이다.

그리고 더 나아가 해방된 영혼에 은혜로 찾아오는 것은 새로운 동기, 곧 사랑의 동기이다. 많이 용서받은 사람은 많이 사랑한다(눅 8:36-50). 율법으로는 오직 죄와 죄책감의 두려움 외에는 다른 동기가 없었으며, 그 두려움을 없애기 위해 그가 할 수 있는 것은 없었다. 그러나 은혜(예수님의 십자가 그늘)는 죄책감을 사라지게 하며, 사탄의 참소를 잠잠하게 하며, 양심이 눈보다 더 희어지게 하며, 우리를 위해 이 모든 것을 행하신 분에 대한 강렬한 새로운 동기, 곧 사랑의 동기가 우리 마음에 생기게 한다. 이 사랑의 동기는 우리를 죄에서 떠나도록 인도하며 이 모든 일을 행하신 분께 우리와 우리 지체를 종으로 드리게 인도한다. 그리고 이 사랑의 동기와 더불어 이제 우리 안에 계신 성령으로 말미암아 복되고 강한 의지가 생긴다. 그 결과 바로 지금 이 땅에서 진정한 거룩을 실천하게 되며, 마지막은 영생인 것이다. 실제로 이 영생은 로마서 6장에 다음과 같이 정확하게 요약되어 있다.

> 그러나 이제는 너희가 죄로부터 해방되고 하나님께 종이 되어 거룩함에 이르는 열매를 맺었으니 그 마지막은 영생이라 (롬 6:22).

그러므로 죄 때문에 절망할 필요가 없는 것은 우리가 바로 그 은혜 아래 있기 때문이며, 이때 은혜는 이런저런 식으로 다시금 우리 경험의 일부가 된다. 우리가 회복하고 죄를 씻는 것은 언제나 예수님의 피로 가능하다. 이런 새로운 상황에서 우리는 죄가 여전히 우리를 주장함으로써 우리가 다시 십자가에 나아가 죄를 고백하기까지 시간이 오래 걸리게 해서는 안 된다. 또 한편으로 우리가 실패를 은폐함으로써 이처럼 위선 놀음을 할 수밖에 없다고 느낄 필요도 없다.

은혜로 우리는 정직할 수 있으며 어떤 변명도 할 필요 없이 죄를 죄라 부를 수 있다. 정말로 돌아온 탕자의 비유에 나오는 아버지처럼, 하나님 아버지께서 달려오셔서 우리를 안아주시려 한다면 우리는 정직해야 하며 죄를 죄라고 불러야 한다. 그리고 그렇게 할 때, 은혜의 하나님, 죄인의 하나님이신 새로운 하나님의 모습만큼 우리에게 용기를 주는 것은 없을 것이다. 이후로 다른 사람들에게 간증할 때 우리는 바리새인의 간증-"나는 다른 사람들…과 같지 아니하고"-이 아니라, 세리의 간증-"불쌍히 여기소서 나는 죄인이로소이다"(눅 18:10-14)—을 하게 될 것이다.

그러나 당신이 예수님의 피의 능력을 놓칠까 염려스러워 하는 말이지만, 저지른 죄와 관련해서 '다시'라는 말을 사용할 때 조심해야 한다. 만일 당신이, "주여, 제가 다시 그 일을 했습니다"라고 말하면, 내가 알기에는 주님이 "네가 다시 무엇을 했느냐?"라고 물으실 것이다. 주께는 전에 일어난 일에 관한 기록이 전혀 없으며, 그것이 바로 예수님의 피의 권세이다. 만일 당신이 십자가 앞에 나아가는 것이 무엇인지를 알고 있다면, 전에 없어진 짐을 다시 질 필요가 없다. 주께는 당신이 그 일을 그분에게 가지고 나온 것이 이번이 처음이다. 이처럼 매번 새롭게 예수님께 나아온다면, 당신은 "오늘이 나머지 제 인생의 첫날입니다"라고 기쁘게 말할 수 있을 것이다.

더 깊은 회개 Forgotten Factors

2013년 7월 25일 초판 발행

지은이 로이 헷숀
옮긴이 최정숙

펴낸곳 사)기독교문서선교회
등 록 제16-25호(1980. 1. 18)
주 소 서울시 서초구 방배로 68
전 화 02) 586-8761~3(본사) 031) 942-8761(영업부)
팩 스 02) 523-0131(본사) 031) 942-8763(영업부)
www.clcbook.com
clckor@gmail.com
온라인 기업은행 073-000308-04-020
국민은행 043-01-0379-646
예금주: 사)기독교문서선교회

ISBN 978-89-341-1305-8(03230)

낙장·파본은 교환해 드립니다.
이 도서의 국립중앙도서관 출판시 도서목록(CIP)은
서지정보유통지원시스템 홈페이지(http://seoji.nl.go.kr)와
국가자료공동목록시스(http://www.nl.go.kr/kolisnet)에서
이용하실 수 있습니다.
(CIP제어번호: CIP2013009478)